贵州地方传统生态文化的保护与生态传播

孙 玮 编著

中国民族文化出版社

北 京

图书在版编目（CIP）数据

贵州地方传统生态文化的保护与生态传播/孙玮编著．--北京：中国民族文化出版社有限公司，2022.10

ISBN 978-7-5122-1530-6

Ⅰ.①贵… Ⅱ.①孙… Ⅲ.①文化生态学-研究-贵州 Ⅳ.①G127.73

中国版本图书馆 CIP 数据核字（2022）第 177570 号

贵州地方传统生态文化的保护与生态传播

作　　者	孙　玮
责任编辑	张　宇
责任校对	李文学
出 版 者	中国民族文化出版社　地址：北京市东城区和平里北街 14 号
	邮编：100013　联系电话：010-84250639　64211754（传真）
印　　装	天津雅泽印刷有限公司
开　　本	170mm×240mm　16 开
印　　张	13.25
字　　数	200 千
版　　次	2023 年 1 月第 1 版第 1 次印刷
标准书号	ISBN 978-7-5122-1530-6
定　　价	66.00 元

目　录

第一部分　贵州少数民族传统生态文化内涵

第二部分　贵州少数民族生态文化传播现状与困境

第三部分　贵州少数民族生态文化传播策略

| 绪　　论 |

一、选题缘由

（一）研究背景

贵州省少数民族众多，17个世居少数民族长期生活在喀斯特山区，在艰苦的生存环境中，与自然和谐相处，不断繁衍生息创造并丰富独特的少数民族传统文化，生态文化就是其中一部分。2016年贵州成为国家首批生态文明实验区之一，将生态、旅游、开放、扶贫相结合，经过数年的努力，在发展绿色经济、建设绿色家园、完善绿色制度、培育绿色文化方面取得极大进展。贵州生态文明试验区在弘扬贵州少数民族丰富生态文化的基础上，推动了贵州的生态保护和经济社会发展。贵州省少数民族生态文化的保护与传播是必要的，是符合时代发展需求的，推动了贵州少数民族地区经济绿色增长。建设贵州生态文明，需要合理利用和批判继承贵州少数民族传统生态文化。

在新媒体时代，数字技术和新型媒体技术的发展，为少数民族传统生态文化的传播提供了新的发展机遇。在国家大力发展生态文明的政策背景下，抓住技术便利，能够更好地将少数民族生态文化的保护、传承与传播提上一个新的阶梯。在此背景之下，通过对贵州少数民族风俗习惯的总结梳理，深入挖掘隐含在其中的独特生态文化，分析少数民族生态文化的保护与传播路径，能够在实现贵州少数民族地区经济高质量发展的同时，实现民族区域生态环境的可持续发展。

（二）研究目的

近年来，随着贵州对外开放脚步的加快，经济发展与生态保护成为贵州实现地区经济社会绿色发展的主要议题，此外，消费主义的现代文化和西方文化，对包括生态文化在内的少数民族传统文化的传承和保护带来一定挑战，更好地促进贵州少数民族传统生态文化的保护与传播，从而推动贵州少数民族地区经济社会高质量发展是本项目的研究目标。

为此，本项目在分析已有文献的基础之上，总结前期国内外学者的研究成果，确定了研究报告的逻辑框架。首先，在制定贵州少数民族传统生态文化保护传播发展路径之前，需要厘清少数民族生态文化的内涵、构成和特点。在此基础上，项目从物质、精神、制度层面对贵州少数民族传统生态文化的具体内容作详细解读。其次，对贵州少数民族地区生态文化保护与传播的现状、优势、困境进行分析，为下一步发展路径的制定提供经验积累。最后，通过实践总结经验，从宏观、中观、微观三个角度，探索在新的时代背景下贵州少数民族传统生态文化的保护与对外传播途径。

（三）研究意义

1. 现实意义

贵州少数民族民众敬畏山水、保护自然的生态理念，使得贵州保留了大量的喀斯特森林，这些维护自然环境的生态文化，在建设生态文明社会的大环境下，对于推动贵州少数民族地区经济绿色发展有极大的意义。此外，贵州是一个拥有多个世居少数民族的省份，通过对贵州各少数民族传统生态文化的研究，可以得到并建立起相关的少数民族基因库，这也为保持我国文化多样性奠定良好基础。通过对贵州少数民族传统生态文化保护与传播的研究，一方面实现绚烂多彩的少数民族传统文化的传承与创新，丰富少数民族生态文化的时代内涵；另一方面为建设社会主义生态文明，构建可持续发展的绿色经济提供可行的思路与方法。

2. 理论意义

在建设生态文明社会的大环境下，少数民族生态文化的研究仍有很大的发展空间，从物质、精神、制度层面总结贵州少数民族传统风俗习惯，挖掘出其中隐含的生态因子，推进少数民族生态理念的研究。此外，本研究不仅是对贵州少数民族聚居地区传统生态文化的保护方面的研究，还包括对少数民族传统生态文化传播方面的研究，运用多学科的研究方法和理论知识，探索贵州少数民族传统生态文化对外传播推广的路径，以及在新媒体时代，利用多种传播手段创新民族生态文化的传播形式，让少数民族生态文化既保留传统且珍贵的文化内核，又具有现代的传播特点。对贵州少数民族地区在时代如何实现生态文化的传播与推广的探索，为少数民族文化的研究和社会主义生态文明社会的建设提供理论支撑，丰富了我国少数民族生态文化研究的理论宝库，既具有现实意义又具有理论价值。

二、相关概念的厘清界定

（一）民族文化

民族文化是各民族在长期的生产实践中形成的物质文化与精神文化的总和，体现在其价值观念和生活习惯当中。语言和文字作为民族文化最主要的载体，各民族的历史、文学、科技、艺术等都是靠口耳相传和文字记载传承与传播的。民族文化在几千年的发展过程中，表现出不同社会，不同阶级之间的利益碰撞，体现了不同阶级的思想和价值观。到了现在，以爱国主义为核心的伟大民族精神是民族文化新的思想体现，具有重要的国家意义，即在中华民族从古至今的发展历程中，一直影响着国家民族的文化核心，在与其他国家文化的交流过程中始终保持着中国文化的中心地位。

（二）少数民族文化

少数民族文化具体指的是少数民族民众在经过长期的生产与生活实践中所创造与发展的物质财富和精神财富的总和，具体体现在少数民族所拥有的价值观念和生活习惯之中。少数民族文化分为广义和狭义两大类。从广义上讲，少数民族文化是各少数民族人民创造的全部文明，是物质文化、精神文化和制度文化的总和；而狭义上说，少数民族文化指的是各少数民族百姓所创造出来的精神层面文明的总和①。由徐万邦先生所著的《中国少数民族文化通论》一书中将少数民族的文化具体细分为生活类、人生礼仪类、科学技术与工艺类、民间传承类、节日类以及信仰与巫术类这六大类文化。② 随着研究的不断加深，研究重点开始向少数民族文化现代化转移，即保证民族特色的同时吸收借鉴现代文化，建立起新的少数民族核心价值观。重视现代化对少数民族文化不断冲击和侵蚀的现状，推动文化融合的同时，发展其中的优秀文化，增强少数民族在中华民族中的自我认同，是发展少数民族文化不变的原则。

（三）文化传播

文化传播是指文化元素在社会群体、地域空间之间的扩散，有直接和间接之分，直接传播指一个文化区域的人们通过战争、贸易等手段宣传他们的精神思想或者物质成果，如早期的西方传教士和西方取经的僧人。间接传播在表现方式上较为复杂，主要指某一区域内一系列文化活动，在周边地区引发出以此为基础的新型文明成果。文化传播程度受社会环境、文化价值和交通等传播条件的制约，会经历一个较为漫长的过程。外来文化元素在社会中出现，并被人注意，相关人群对该文化的价值进行衡量，经过认识和批判后再选择融入到本民族文化之中。在文化传播过程中会产生各种难以预测的影响因素，这种因素会随着地理空间范围的扩大而越来越多。

毕曼在《生态文明建设语境下少数民族生态文化的禀赋及其资源价值》中提到：少数民族生态文化是以生态观为指导、生态知识为基础而形成的物质财富与精神财富的总和。③ 由此总结出少数民族生态文化是在"少数民族"的基础上，诞生在一定范围内的地域空间和时间中，生态意识体现在具体的生活习惯和

---

① 刘源泉. 中国共产党少数民族文化政策研究 [D]. 华中师范大学，2013.
② 徐万邦. 中国少数民族文化通论 [M]. 北京：中央民族学院出版社，1996.
③ 毕曼. 生态文明建设语境下少数民族生态文化的禀赋及其资源价值 [J]. 西南民族大学学报（人文社科版），2015.

价值观念当中。各民族在自己的生存空间中向不同的方向发展，诞生于与少数民族朝夕相处的大山之中的生态文化，自然带着浓厚的地域特色，从物质维度的生活习俗和农耕习惯，到精神层面对山石草木之神产生的信仰，都洋溢着浓郁的生态意味，而这种生态文化意识在时空的传递中，逐渐成为少数民族生活的一部分，最直观地表现在少数民族人民的生活观念当中，如苗族人民的"神木崇拜"，土家族孩子出生时"栽喜树"的传统，壮族人民"万物有灵"的信仰。这种自然崇拜体现出生态文化当中的制度性，表现为约定俗成的生活习惯，不是束之高阁的文化成果，而是成为维护生态环境的指导思想，制约着人们对自然的开发力度。将生态习惯逐渐发展为行之有效的规章制度，是少数民族生态文化未来的发展方向，只有获得人们的普遍认同，生态文化才会有更好的发展前景。

（四）生态文化

文化是上层建筑的一种，同时也是社会意识形态的一种。生态文化是一种具有文化属性的社会文化现象，也是一种社会意识形态。但与文化不同的是，生态文化也反映了一种价值观，即人们对自然的态度——生态价值观。生态文化是人类千百年来的文化积累，是由某一地区国民生活的生产方式、民间原始宗教信仰、习俗、道德和其他文化元素构成，具有独立特征的结构和功能的文化体系，是一代又一代沿袭下来的针对生态资源合理开发与利用，以及保护的成果，它是人与自然和谐相处的观念，是可持续发展的知识和经验等文化的沉淀。

著名的美国人类学家斯图尔德于1955年发表了他的《文化变迁理论》，在此书中阐述了有关生态文化的一些基本概念，这本专著的出版也被广泛认为是生态文化作为一门学科正式诞生的标志。斯图尔德认为，文化与其生态环境是密不可分的，这二者之间相互影响、相互制约、互为其因果。除此之外，他还提出环境适应的概念构成了生态文化学之根蒂，相近的生态环境之下会孕育产生出近似的文化形态及发展线索，而不同的生态环境则培育了不同的文化形态。后来，其他学者也从不同的视角和维度界定生态文化。例如我国著名的生态哲学家余谋昌教授认为：生态文化是一个全新的文化概念，它具有可替代性。就生态文化的内容而言，它是一种对于人类中心主义、生态主义的新兴文化，它是指人类在开展各种实践活动中，以追求与大自然和谐共处、维护生态系统平衡为最终愿望的一切活动成果，同时也包括人在与自然相互交往中形成的价值观念等①。

（五）生态文化的结构

结构是指内部各要素之间的排列组合，一言以蔽之，就是各要素之间的关系。生态文化分为精神、行为、制度、物质四个层面，其中精神层面占核心地位。② 结构与功能是一个矛盾的二元体。一方面，它们相互依存，彼此联系；一方面又是有所区别。③

生态文化的物质层次，广义上涵盖了被人类保护或改造的自然生态系统，在狭义层面上，则主要指各类生态文化的物质载体；要丰富生态物质文化的范畴、提高生态物质文化的质量，首先就是要建立一个和谐的自然生态系统。生态文明建设的根本目的，是构建一个繁荣发展的生态经济体系与文化体系。

生态文化的精神层面属于意识形态范畴，是人类在"人与自然和谐统一"的生态理念上的认识程度。它包括生态哲学、生态伦理学与生态美学等，其中生态哲学是生态精神文化的核心，对于其他方面具有指导作用。生态物质文化、制度文化、行为文化影响和制约着生态文化精神。

生态文化制度层面是与生态相关的所有法律法规、政策制度的总和。生态文明建设最重要的就是不能脱离制度保障，生态文明建设的进程也一定是和生产力发展水平以及科学技术发展水平相关的。生态文明的制度和政策在一定程度上，制约和决定着生态文化的发展方向和发展程度。与此同时，生态文化又是相对独立的，有着自身的价值体系和系统。国家层面的制度影响生态文化走向的同时，也给予生态文化发展最大限度的保障，这种制度保障让生态文化得到最大限度地发掘和应用。

---

① 余谋昌．生态文化论 ［M］．石家庄：河北教育出版社，2001：326-328.
② 张岱年，方克立．《中国文化概论》．北京：北京师范大学出版社，1994.
③ 王德生．论结构和功能 ［J］．吉林大学社会科学学报（01）：90-94.

（六）少数民族生态文化

在对于"少数民族生态文化"这一概念作界定时，有学者的出发点是以某一个特定的民族的文化来作界定划分。例如，南文渊曾经对西藏的民族生态文化作详细的研究，在研究的过程中他提出"藏族人民在对于这一问题的思索与对策时，实际上就已经形成了他们民族在对于这个世界、环境和社会的认识，并逐渐形成一种民族观念和具有一定特色的生活方式，这样的话，我们就可以将其称作是藏族的生态文化。"① 中国是一个由多个民族组成的大民族，而有的学者在研究生态文化的时候，他们主要是以这个大民族中某一地区的某一少数民族作为主要的研究目标。因此，这样的生态文化就被称作是"少数民族生态文化"。就像郭家麒曾提出来的："世界各个角落居住的少数民族和土著居民都有他们各自的生活方式以及生产方式，到如今为止依然保留着很多和某一特定环境相适应的，与他们的生存环境的发展等相符合的生态智慧与意识形成的理念知识，而这些在发展过程中形成的理念与当地的生态具有密切的相关性，并且与特定的生态环境兼容，和当代的可持续发展理念发展的概念是一致的，并与当地的文化知识共同构成了我们现在所说的民族生态文化。"② 关于民族生态文化，喻见就贵州少数民族文化这样解释道："贵州的少数民族所体现出来的生态文化是传统的，是具有生态性的，它是在人们对自然的合理利用下产生的一种具有聚集民族性的文化。"③ 但是真正意义上对"民族生态文化"这一概念做出清晰明确定义的是何明，他提出："中国的少数民族生态文化实际上就是中国少数民族生存社会里具有对自然尊重、顺应自然规律并在合理利用自然资源的同时注重对自然的保护，从而衍生形成的一种生产生活方式，在最高境界形成的一种思想观念和价值体系

---

① 宋蜀华.论文化［J］.云南民族学院学报（哲学社会科学版），1999（05）：3-7.
② 郭家骥.生态文化论［J］.云南社会科学，2005（06）：86-90.
③ 喻见.贵州少数民族地区生态文化与生态问题论析［J］.贵州社会科学，2005（03）：36-38+50.

的总称"①。

　　结合学术界的有关定论，我们将少数民族生态文化的定义做了清晰明确的划分：少数民族生态文化是中国各个少数民族在与自然界打交道的漫长岁月中，以独特的生态观和文化观，甚至是对宇宙的见解的理念为引导，调整生态和文化之间的关系，以探求人和自然的和谐关系为出发点和落脚点，在这样的一个过程中逐渐形成的一种有关生态的物质文化、制度文化，甚至是精神文化，对这些探讨过程中形成的文化做一个融合，形成的就是少数民族生态文化。

（七）少数民族生态文化的基本特征

　　首先，少数民族的生态观十分独特。在少数民族之间形成的这种生态观是基于一种具有独特智慧的"本土生态文化"上建立起来的。所谓的本土生态文化就是：在某一特定的民族或者特定的地区里社群就他们所在的环境和生态系统之间对文化接受的一种知识总结，是有关联的民族或社会群落在祖祖辈辈的生活经验中积累并完善起来的一种知识系统。② 本地生态知识相当于普通生态知识，同样地，各民族的生态观和共同的生态观也是对应的。也就是说，"生态观这个概念是人们根据自己与这个自然界和整个生态系统之间的一种关系所呈现出来的判别与态度"③。大量的实地调查报告显示，被调查的区域有很多当地的生态知识，"不但精准，还具有不可磨灭的科学性与合理性，但却因为这些区域处于少数民族聚集地，所以被蒙上了很浓郁的宗教意义，"① 所以，这样的本土生态知识实际上具有科学与信仰，宗教与巫术的综合意义，它深刻地影响着这个民族甚至是其他民族的思想以及意识形态，在引导和带领这个民族的生态行为、民族生态文化的孕育生长以及发展继承方面具有重要的意义。

---

　　① 廖国强，何明，袁国友. 中国少数民族生态文化研究 ［M］. 昆明：云南人民出版社，2006.

　　② 杨庭硕，田红. 本土生态知识引论 ［M］. 北京：民族出版社，2010.

　　③ 廖国强. 生态哲学：从"实体中心论"走向"虚体中心论"——以中国少数民族生态文化为视点 ［J］. 思想战线，2010，（5）.

其次，少数民族独特的文化观以及所形成的宇宙观使得民族生态文化的发展又有了一个新的重要指导思想。在传统的社会里，尤其是具有多个少数民族的国家里，这些民族秉承着人文的生态系统，以及自然的生态系统的彼此依赖共存，在这样的整体生态文化观念的基础之上，人、神、自然又是这个系统里面一个统一的整体，我们将这种整体称作是宇宙观。在他们的观念里，人和自然的来源都是一样的，就如同人类，由同一个母亲生出，或者是同父异母之间的兄弟姊妹，他们之间是近亲与血缘，那么人和自然也一样存在着某种密切的联系，而这个世界的中心既不是人，也不是自然界，而是超越或是覆盖在人和自然之上的某种神秘的力量，这样的力量无处不在，但又无法触及，所以人们将这种抽象但又存在的力量用现代汉语的语系来表达——"神灵"，它存在于人类的意念与精神世界里。[①]正是在这样一些神奇而又具有民族文化的观念的指导下，使得中国少数民族的生态文化独具特色。

第三，就是对生态文化的结构问题的探究。在对文化的划分里，学术界将生态文化划分为三类，即物质、制度以及精神方面。[①]这种划分就跟何明对于民族生态文化的主要内容的阐述有着大同小异的地方，看似这三类文化之间各成一派，但它们并不是孤立地单独存在的，三者之间有着密切的关系，相互融合，而且完整地反映出它们之间的功能是一个有机的整体，在促进民族生态文化的繁荣上有着不可小觑的意义。

第四，少数民族生态文化是少数民族文化中的一个组成部分。正如上面所提到的，人类文化正是在如何处理人与自然、社会以及人类自身的关系中逐渐形成的一种文化，从这方面来说，人类文化实际上可以分为"如何调适人与自然关系的文化""如何调节人自身与其他人之间的关系的文化""如何处理人类与自身矛盾关系的文化"三个类型，那么我们现在所探究的"少数民族生态文化"实际上就是在探究"人类如何处理他们自身与自然界之间的关系"的问题，所以说少数民族生态文化实际上就是少数民族文化这一理念形成的重要组成成分

---

① 余谋昌. 文化新世纪——生态文化的理论阐释 [M]. 哈尔滨：东北林业大学出版社，1996.

之一。

（八）少数民族生态文化与生态文化的区别

少数民族生态文化与生态文化之间的区别之一就是"已然"文化与"应然"文化。少数民族生态文化实际上就是历史的产物，更确切地说，它原本就存在于某种文化里，经过长时间的沉淀与有机条件的出现，而形成并长期存在的一种文化，但是生态文化是当下学者们处在这样的一个社会环境，对构建现代社会的一种深刻的反思过程中形成的一种新型文化，是人类随着社会历史发展而应当拥有的一种顺应时代的新文化。生态文化是文化发展至今的一种新潮流、新形势、新阶段，而"生态文化的出现也寓意着人类价值观念的一个彻底性转变"①。

区别之二，少数民族生态文化是生态文化的重要组成部分，而生态文化是人文与自然科学文化的相对应的一种新的文化类型，正因为这样，有学者说 21 世纪实际上就是"生态文明"的时代，这也符合当前全球化思潮下的生态文明潮流的发展。

区别之三，少数民族生态文化的出现是以本民族生态观为借鉴与根本的，但是生态文化是建立在科学的生态价值观念之上的。有学者认为，生态价值观是促进生态文化形成与发展的根源②，但是生态价值观又是在以科学为基础的现代生态观上出现的产物。③ 所以说，少数民族生态文化在很大程度上是带有很浓郁的宗教色彩的，而生态文化则是有科学依据的。而有的学者也将这种在科学基础上形成的文化称为"普世化文化"。④

但是少数民族生态文化和生态文化之间又存在着一定的关联。生态文化作为

---

① 陈寿朋，杨立新. 论生态文化及其价值观基础［J］. 道德与文明，2005（02）：76-79.

② 郭家骥. 生态文化与可持续发展［M］. 北京：中国书籍出版社，2004.

③ 廖国强. 生态哲学：从"实体中心论"走向"虚中心论"——以中国少数民族生态文化为视点［J］. 思想战线，2010，36（05）：61-68.

④ 余谋昌. 文化新世纪——生态文化的理论阐释［M］. 哈尔滨：东北林业大学出版社，1996.

一种自觉的文化形态，不仅来源于对当下社会状况的认真反省，也来自于对人类文化的批判、继承，其中就有对民族生态文化的批判继承。因此，从这个层面上来说，民族生态文化与生态文化的关系实际上就可以看作是"源"与"流"的关系。① 虽然系统论和生态价值理论形成于 20 世纪后期，但它们思想的出现、形成以及流传却是漫长而多变的；其中在中国少数民族间形成的生态观就是其组成的重要成分之一。② 因此，所谓的生态文化建设，假若没有民族生态文化在内的文化之源的滋养，就会成为没有源头的水，没有根的树，是不存在任何研究价值的。

三、研究综述

（一）国内研究现状

有关生态文化的研究内容丰富，主要涉及内容、特点、生态结构、意义价值等多方面，现将国内近年来的研究作简要概括。

1. 有关生态文化的研究

近年来，围绕文化本身内涵、特征、体系结构和意义价值等内容，很多学者进行广泛深入研究，取得丰硕成果。廖国强、关磊认为民族生态文化是经历了一个漫长的过程逐步累积而形成的文化，少数民族文化中富含具有独特的生态观、文化观和宇宙观等生态思想。民族生态的内容主要是调节生态和文化的关系，促进人与自然和谐相处。另外，他们还阐述了民族生态文化与生态文化二者间的区别和联系③。南文渊和卢守亭认为人类在认识自然环境的过程中，正确认识自然环境的价值，在人与自然和谐相处的基础上改造自然从而形成对生态环境一种新

---

① 余达忠. 生态文化的形成、价值观及其体系架构 [J]. 三明学院学报，2010，27（01）：19-24.

② 廖国强. 朴素而深邃：南方少数民族生态伦理观探析 [J]. 广西民族学院学报（哲学社会科学版），2006（02）：49-53+81.

③ 廖国强，关磊. 文化·生态文化·民族生态文化 [J]. 云南民族大学学报：哲学社会科学版，2011，28（4）.

的认识①。陈寿朋、杨立新认为生态价值观可以指引人与自然长期和谐共处。从侧面折射出生态文化对民族生存发展的意义和价值②。

2. 少数民族地区生态文化的特点与状况

少数民族地区生态文化一直是一个研究热点。关于少数民族地区生态文化保护，很多学者也做了相应的研究。王孔敬指出生态脆弱的西南地区苗族传统生态文化具有复杂性。由于受到历史和战争等多种原因的影响，自然生态环境较为脆弱，他对西南地区苗族生态文化提出较为完善的保护措施，倡导各地区深入分析和研究生态文化脆弱地区，将传统生态文化进行分级、分类保护③。南文渊指出，在生态环境脆弱的偏远地区生存，一直是各地区民族生存面临的重大问题，特别是在生态环境脆弱的西藏地区，生态和生存问题一直是一个大挑战。藏族人民对于这个问题的研究解决，形成了他们关于人与自然和谐共处基本观念和生活方式的思考④。范波指出贵州少数民族生态文化在民间信仰、山地农耕的生态方式、村寨布局、生活习俗乡规民约和长期的生活习惯中，有民族认同性、约束性及珍贵性等多方面的特点⑤。卢艳玲指出西部少数民族生态文化研究具有内容广，关注视角多，研究方法多元化和研究问题客观具体等特点。但也存在很多不足，而现有的研究成果中，很多研究只停留在关于少数民族传统文化的表面概述，对于少数民族文化如何传承和弘扬等问题研究单一，不具有完整性，并且缺

① 南文渊，卢守亭．对生态文化的一点认识［J］．大连民族学院学报，2010，12（06）：513-518.

② 陈寿朋，杨立新．论生态文化及其价值观基础［J］．道德与文明，2005（02）：76-79.

③ 王孔敬．西南地区苗族传统生态文化的内容特点及其保护传承研究［J］．前沿（21）：150-154.

④ 南文渊．论藏区自然禁忌及其对生态环境的保护作用［J］．西北民族研究，2001（03）：21-29.

⑤ 范波．贵州少数民族生态文化探析［J］．贵州民族大学学报（哲学社会科学版），2017，000（006）：51-58.

乏整体性思维，忽略对少数民族的文化发展特征与经济条件有效整合①。

3. 生态文化的传播与保护

基于少数民族生态文化的价值，学者们逐渐关注如何对其传承和保护。例如，姚霖认为少数民族生态文化中蕴含丰富的人与自然的共生观和独特的民族生态观，适度开采开发，少数民族地区生态文化有利于民族地区开展生态文明建设工程，有利于建立生态环境保护制度，对我国建设生态文明有重要的思想指导意义②。龙丽波、吴若飞认为少数民族生态文化蕴含可供开发利用的巨大潜能，而少数民族地区生态环境的绿色可持续发展，来源于民族生态文化所提供的思想基础③。

关于生态文化的传播，相关学者也做了研究。胡铁生、马继指出了网络媒体生态传播具有多元化的主体格局、以门户网站为主要表现形式，传统媒体网站和商业门户网站的生态传播现状的特点。虽然网络媒体已经成为生态传播的重要载体，但网络媒体的生态传播还存在不足：网络媒体快速发展下，生态传播的主体力量、核心价值和影响范围等方面还较弱，有待进一步加强。增强全球生态传播意识、报道的平衡性和层次性有待完善④。刘祥平阐述大众传媒对生态文化的传播有很强的作用，认为民族文化的传播要大力抓好网络建设工作，努力抓好海内外知名传统媒体的借用工作，提出大众传媒拥有独特的信息传播功能，对文化传播作用明显。贵州应实事求是，遵循客观发展规律，从实际出发，充分利用大众传播媒介为民族文化传播服务⑤。

---

① 卢艳玲．反生态思想研究的缺失与探寻——我国西部地区少数民族生态文化研究述评 [J]．自然辩证法研究，2015（09）：53-58．

② 姚霖．生态文明建设不应忽视对少数民族生态文化的采撷 [J]．云南民族大学学报（哲学社会科学版），2014，31（06）：78-82．

③ 龙丽波，吴若飞．云南少数民族生态文化特征及其价值——基于绿色发展理念 [J]．社会科学家，2017（06）：152-156．

④ 胡铁生，马继．对中国网络媒体生态传播现状的思考 [J]．西南民族大学学报（人文社科版），2010，31（08）：192-197．

⑤ 刘祥平．论大众传播媒介与贵州民族地区民族文化传播 [J]．贵州民族研究，2009，29（03）：74-77．

综观国内相关研究成果，国内很多学者对生态文化和少数民族地区生态文化做了相应的研究，从多角度阐述了少数民族生态文化中包含复杂的生态文化思想。而生态文化的传播有待提高。近年来，网络技术迅速发展的科技时代，要利用传播媒介为文化服务，传播生态文化的新思想、新观念，将原生态文化与时尚传播理念相结合，发挥青年群体的骨干作用，促进生态文化的保护。

（二）国外研究现状

1. 国外生态文化的研究领域

近年来，国内外学者对民族生态学和生态人类学也做了相应的研究，对民族生态学的研究拓展到更多领域。其研究范围主要分为两类：一是与民族学相关的研究，侧重于研究民族文化与自然环境的关系；二是与生态学相关的研究，把民族生态系统作为研究对象的侧重点，主要深入挖掘民族与自然环境的关系和民族生态系统特点、作用等方面。

2. 人类生态学国外研究现状

王冬雪指出英国学者 C·P·斯诺 1959 曾做过关于革命与文化的演讲，关于"两种文化"问题，我们把它称为"斯诺命题"。付广华指出美国民族生态学具有的特征，民族生态学仅仅是理解传统生态知识的一种方法，只不过是一种看待环境的观点，不能用它来解释所有的问题[1]。

3. 国外生态民族文化研究

国外民族生态学相关研究已经形成一系列研究理论和研究方法。例如，美国著名学者 Conklin H C 提出"民族生态学"的概念，同时他也采用这种概念和方法对传统生态知识作了相对系统的研究[2]。2004 年英国民族植物学家 G. J. Martin 认为民族生态学涵盖了地方群体的自然环境关系间的研究，研究涵盖了民族生态学。Kimmerer 认为传统生态和科学生态知识有相同起源。民族生态学自诞生

---

① 付广华. 美国式民族生态学：概念、预设与特征——"民族生态学理论与方法研究"之一 [J]. 广西民族研究，2011（01）：69-75.

② Conklin H C. An Ethnoecological Approach to Shifting Agriculture [J]. 1954.

之初就将生态文化作为研究对象①。

如上所述，生态文明在研究发展过程中也形成相关理论，包括环境决定论、文化生态学、民族生态学等。国内外大部分学者主要阐述民族生态学和人类生态学的形成和发展，以及生态文化的内涵、特征、体系结构和意义价值等方面。而对于民族生态学和生态人类学在少数民族生态文化保护领域的宣传和传播方面研究较弱，从而对少数民族生态的保护和传播力度不够，少数民族生态环境受到严重破坏。对少数民族地区生态文化研究主要存在以下几点不足：一是大部分学者对少数民族地区生态文化的研究主要局限在少数民族地区生态文化的内涵、特征、体系结构和意义价值方面；二是缺少从贵州地区和民族共同体的整体性的方面传播生态文化的价值和意义，传播影响范围小，缺少对少数民族地区生态文化价值的深层次研究。本课题主要综合生态文化保护和少数民族地区生态文化传播，将产业结构和当地资源状况综合研究，结合少数民族生态观和现代新媒体技术实现生态文化线上线下互动传播，从而提高全民生态意识，促进少数民族地区生态文化的传播和保护，推动少数民族地区生态文明建设。

四、研究方法

1. 归纳演绎法：主要用于总结前人研究成果，从不同维度出发进行梳理，项目将贵州少数民族传统生态文化的保护与传播的模式和策略、传统生态文化的价值开拓及赋值等与本项目研究有关的要素进行深入探索，了解当前国内外生态文化保护与传播现状，更好地为生态文化的传承研究提出参考依据。

2. 定性分析法：本文从贵州少数民族生态文化的传承、创新与传播出发，其理论机制在于通过观察总结研究少数民族生态文化的传承必要性和矛盾变化，并以此为基础对新时代背景下少数民族生态文化的保护与传播的客观发展方向进行研究，提出贵州少数民族地区生态文化的保护与传播的优化方案。

---

① Robin Wall Kimmerer. Weaving traditional ecological knowledge into biological education：a call to action ［J］. Bio Science, 2002, 52 (5).

3. 比较分析法：比较分析法是把整体分为部分，把复杂的事物分解为简单的要素分别加以研究的一种思维方法，通过与国内外研究现状、贵州生态文化特征、贵州不同少数民族以及不同区域同一少数民族生态文化的分析比较，从宏观、中观、微观三个方面系统整理贵州少数民族传统生态文化的创造性保护、转化与传播策略，充分发挥其促进贵州生态文明建设的积极作用。

4. 文献研究法：主要是指通过收集与主题相关的中文或英文文献并对其详细地分析与梳理的一种研究方法。通过文献研究法可以进一步深入研究文献中与少数民族相关的内容，概括总结少数民族生态文化的差异。

最后，在贵州少数民族生态文化的研究中，不再采取单一的研究方法，结合多种方法对贵州省少数民族传统、习俗、生产方式等中的生态文化进行全方位的研究。

第一部分
贵州少数民族传统生态文化内涵

贵州少数民族在数千年与自然和谐相处中形成了独特的传统生态文化，涉及物质生产、精神文化和村规民约等方方面面。本部分在对生态文化做解释性概括的基础上，从物质、精神、制度三个方面对贵州少数民族传统生态文化内涵进行阐述。

| 第一章 |

敬畏自然的传统观念
——贵州少数民族生态文化构成

生态文化是指一切生态物质、意识形态的总和，即文化在生态方面的作用结果。贵州作为少数民族文化极为丰富的省份，在服饰、房屋建筑、饮食、婚葬礼俗等物质、精神、制度方面有着独具特色的民族文化。但若从人类与大自然的关系考虑，贵州少数民族丰富多彩的民族文化的一个共同主题就是自然崇拜，对天神和生命敬畏、致力于追求人与自然和谐共生等。本章主要讨论少数民族生态文化的特征、功能、发展，以及贵州少数民族传统生态文化的内涵。

第一节　生态文化的概述

生态文化从文化的角度研究生态问题，对生态文化深入了解有助于探讨和把握人类生存和自然存在的辩证关系。

一、生态的界定

"生态"是指自然环境中一切生物的生存以及发展状态，它的内涵还随着生态学的发展而不断丰富和发展。现代生态学的研究范围包括微生物、动植物以及包括人类社会在内的生态系统，同时也逐渐发展成了一个多元的复合系统，即自然—社会—人类的复合系统。

生态规律是生态学发展的重要研究成果。生物活动必须适应自然规律，协调发展各种生存因素之间的关系，当生态系统遭破坏，修复和改造生态系统也必须完全严格地遵循生态系统本身的发展和再生规律。现在，生态学正努力地将生态学规律引入到社会生产和日常生活，致力于建立起一个全新的更加文明的生态型经济社会，以求用最小的能源消耗和环境影响获得最大的综合效益，并解决我们当前所面临各种生态问题。

二、生态文化的基本特征

在特定的时代，人类的生态文化实际上就是维护生态环境。在追求绿色发展、保持生态平衡，以及秉承可持续发展理念的相关实践中，这一概念几乎涵盖了所有的人类行为与结果，它具有几个方面的基本特征。

（一）绿色性与民生性的统一

生态文化本质上是一种绿色文化，它要求人们从衣食住行到社会生产均要秉持和追求这一科学理念。绿色是可持续发展的关键，绿色的生态文化建设不仅给予人们一个健康、良好的生活环境，长远看，也有利于环境发展，为人类的子子孙孙创造更多的机会。从民生的角度看，良好的生态环境也是人民高品质生活环境的保障与基础。由此可见，生态文化与民生是密不可分的，它的好坏直接关系到人们的生存安全、生活保障、人居环境等。

（二）伦理性与平等性的统一

从伦理学的角度看，生态文化对包括植物、大地、山川、河流、湖泊等在内的生态系统赋予了一层道德关怀和责任意识。简而言之，即把非人类的独立生命上升到人类道德的维度，生态的道德化和生态文化的伦理性是指在生态环境中用道德审视自然界中的万事万物。在生态文化叙事中，涉及怎样调和人与人、与自然、与社会、与生态之间的关系。在当今，多元平衡的现代化文化体系中，生态

20

文化体系与其他文化体系有诸多的共性，即都是现代文化体系中的一个个既独立而又相互依存的子系统。它们有着自己所作用的领域且都围绕着现代社会文化体系这个总体系运转，各子系统之间是平等的关系，与其他子系统构成了一个完整、有机的现代文化体系。对于生物圈而言，人类社会只是其中的一个很小的子系统，而其他生物与这个子系统有着平等的生命权利和价值。

（三）和谐性与可持续性的统一

生态文化是集真善美于一身的可持续发展的文化精神，不断强调和追求人与自然、社会，以及与自身的和谐共生以及共同发展进步。可持续发展的理论是对传统文化发掘和改进的理论，它还涉及和协调人与万物及自然之间的关系。从平等的角度看，生态文化的理念强调，其他生物应该也必须享有与人类同等的生存权利。正如彼得·辛格曾说的那样，其实动物并不需要我们去爱它们，它们真正需要的就是人类不要把动物区别于人类之外对待。

（四）整体性与多样性的统一

生态文化是一个独立且具有自我修复能力的文化体系。从纵向看，主要是体现在物质、制度、行为以及精神层面的多种形态和模式的生态文化。物质形态的生态文化处在金字塔的底部，它是生态文化的基础。生态制度属于上层建筑，作为整个生态文化的核心组成部分。生态文化的中部是生态行为，连接着物质和精神层面，使生态文化形成一个整体。横向来看，生态文化的组成可以分为个人、单位（团体），地区，种族等不同的子因素，也就是不同的地区、民族、风格、流派的生态文化，构成生态文化体系本身。这充分展示了生态文化多样性的基本特征。

三、生态文化的历史演进

生态文化是一定社会时期发展的产物，包括人类如何认识自然，利用自然资源，以及如何解决人与自然之间的关系。今天人类面临的生态问题日益严重，使人类不得不关注生态的发展和平衡，以此来促进生态可持续发展和人与社会和谐共生的整体生态观，这是指导人们获得幸福生活、健康生活的行动指南。

（一）生态文化的起源

生态文化的起源与人类文化的发展几乎是同步的。在那段文化开始萌芽的漫长岁月里，完美表达了对于自然的深深的崇拜和恐惧之情的图腾就是人类最早也是最为纯粹的生态和文化现象。

起初，人们用动物或幻想的动物作为图腾崇拜。如我国的传说，"黄帝取熊为图腾""夏人以鱼为图腾""商人把神秘鸟作为图腾"。与动物崇拜相比，植物崇拜在农耕文化的地区较为常见。这些原始的自然崇拜和禁忌直接影响到人类对自然生物的行为，而这些行为对这些生物在一定程度上起到了保护作用。直至今天，在贵州少数民族中依然延续着这种原始文化精神力的多生物的自然崇拜。贵州少数民族地区人们可以从山区的河流和湖泊、日月星辰、山花水木、奇形怪状的各种面具等自然现象和物质中找到属于他们的信仰物，并赋予其独一无二的意义，建立属于自己民族的文化信仰。贵州少数民族对自然生物的原始崇拜，展现出其对自然力量和生命的敬畏，这些体现着少数民族的生态思想和文化内涵。

（二）生态文化的发展

图腾只是生态文化在萌芽期的懵懂产物，直到新石器时代的农业文明才真正开始促进懵懂的产物逐步发展和改进并形成了我们现在的传统的生态思想。农业文明产生的生态文化，重视自然规律和人与自然之间的友好合作关系的重要性。人们很早就创造了各种农业生产活动和丰富的农业生态文化，以满足生存和发展的需要。农业生态文化主张"天与地""阴阳和谐"与"天人合一"的理念，以及对土地和大自然的热爱。

古老的原始社会和农业文明的生态文化，促进了社会的不断发展。而工业文明则植根于机械的世界观，由于对人与自然之间关系的误解，使其在控制和改造自然的过程中，将汲取有限的、脆弱的自然资源这一单纯的依存的过程演变为了纯粹的以欲望为出发点的破坏，甚至掠夺自然的过程，也正是这一系列疯狂和愚蠢的行为，最终导致了人与自然之间近乎不可调和的生态矛盾，也使得我们还是必须要去面对自己一手造成的各种生态灾难和环境危机。在这方面，人类反思认为：人与自然之间的生态矛盾的解决方案，需要自然科学和技术的发展，以及哲学和人文社会科学的发展，从而揭示更多人的社会属性和自然属性之间的关系。

我们所处的正是工业文明向生态文明迅猛地发展和演变的时代，我们反复强调并始终坚信人与自然的发展共存必须是和谐的，并且是可持续的全面发展。人类今天的责任是借鉴工业文明和农业文明的经验，并寻求新的方法拯救人类的实践和生态文明的探索。

（三）生态文化的繁荣

生态文明是生态环境保护的需要，是人类社会发展的追求。人类发展史上的行为证实了人与自然环境的矛盾关系，我们将怎样辩证处理人与自然之间的不可调和的关系，这是一个急需解决的问题，当然不同的国家有着有不同的处理方法。可想而知，我们未来的社会必将是一个科技、教育都高度发达而且生态非常和谐的可持续发展的新型社会，这是所有人期待的社会。高度发达的生态文明的新型社会作为文明的一种特有形式，它有着自身完整的内在系统，有着自身完整的价值系统和文化体系，从而促进了人类的进步和生态平衡。人类需要建立集中在自然的和谐与进步概念上的生态文化，从而实现人与自然之间的和解。生态文化正在逐渐上升成为一种未来的主流文化，它标志着生态文明社会即将到来，开始逐渐渗透于人类生产生活的各个领域。因此，人类必须弘扬生态文化并吸收生态文化理念，并通过在不同国家、种族和民族积累的实践成果，从而彻底改变人类的文化价值，促进生态文化繁荣与发展。

四、生态文化的功能

生态文化的功能指的是文化对生态环境所起的作用。近年来文化对经济、生态、政治以及国际关系方面的作用日益突显。生态文化作为人类精神文明生活的重要元素已经影响到人们日常生活实践，特别是在生态问题日益凸显的今天，越来越成为国际竞争力的重要标志。

（一）价值整合功能

生态文化的功能之一是价值整合。生态文化体现为人类尊重自然，并且将自然、经济、社会复合生态系统的多重价值整合在一起。中国传统生态文化中"天人合一"的思想发展至今，对当下仍有显著的意义。生态环境属于自然环境系统，其与人、动物以及其他自然物共同构成了庞大的生态系统。人在遵循自然发展规律的基础之上，充分发挥自身的主观能动性，实现人类社会的腾飞和繁荣[①]。

（二）和谐社会力量凝聚功能

首先，生态文化是和谐社会的发展基础，只有对其足够重视，国家才能得以和谐发展，才能长久立于世界之林。当今，我国 56 个民族的共同信念就是将习近平新时代中国特色社会主义理论作为思想指导，共同目的就是努力实现中华民族的伟大复兴，唯有这样，国家和民族才能得到良好有序的发展。

其次，促进人与自然和谐发展。不管是古代的天人合一，还是今天的人与自然和谐共生，都是生态文化的核心思想，都是人类的行动指南和价值导向。从根本上说，生态文化的繁荣与建设美丽中国的要求是一致的，与建设社会主义文化强国是同步发展的。

最后，增进人的身心健康。生态文化的繁荣和发展，符合人类社会发展的需要，能够促进人类社会不断向前发展，展现出生态文化的巨大作用和影响。发展生态文化有利于提高人们的生活质量和幸福指数。

（三）生态建设行为激励功能

生态文化是生态文明建设相关理论的来源和发展根基，是弘扬社会主义核心

---

① 朱中原. 从三位一体维度看人与自然的辩证关系 [J]. 重庆理工大学学报（社会科学）（02）：114.

价值文化的重要内容之一，是人类对生态认知的理论总结。因此，生态文化作为一种意识形态，具有重要的价值导向的作用，会不断地对主体以引导和激励。积极健康的文化能够促进人类社会的进步，落后腐朽的文化对人类社会有着制约和阻碍，优秀健康的、人民喜闻乐见的文化会直接影响到政府的决策和生态文化的可持续发展。

（四）绿色增长的促进功能

绿色经济发展是全面贯彻可持续发展的必然趋势，绿色增长是生态文化追求的核心目标。

一是为绿色增长提供更强大的理论支撑，国家倡导绿色增长与可持续发展战略，是在向着绿色可持续发展的这条生态道路上来。生态文化追求的可持续发展正是绿色经济的要求。

二是为绿色增长提供制度保障。保护生态环境必须制度先行。国家层面首先要将生态环境保护纳入宪法，加强生态环境保护的法律制度保障，而且要把生态文明建设纳入社会经济发展和人民生活幸福指数评价体系中。①"把它融入全体国民的价值体系和日常生活中，让全体国民充分认识到生态环境的好坏，关系切身的生活质量和水平。

第二节　贵州少数民族生态文化的内涵

贵州少数民族众多，但因喀斯特地貌导致环境变异敏感度高，环境承载量小和灾变承受阈值弹性小，生态环境较为脆弱②。勤劳智慧的贵州少数民族在几千

---

① 焦艳鹏．生态文明保障的刑法机制［J］．中国社会科学（11）：76-99.
② 王代懿．喀斯特石漠化生态治理试验示范与监测评价——以贵州花江峡谷为例［D］．贵州师范大学，2005.

年的生活实践中孕育出了一套应对独特地域环境的生态文化，在贵州艰苦的山地地区条件下生存繁衍了下来。

一、敬重自然的生态伦理

神树和神林崇拜中包含着深刻的生态意识和伦理意识。贵州的少数民族村寨一般都建在靠山的地方，所以人们的自然崇拜一般是山林崇拜，每个村寨基本都有寨神树，如今成了少数民族村寨的特色之一。打朗村寨的寨神树是一棵长在古井上的蓝靛树，人们每年都会举行祭祀仪式，献贡品给众神享用，仪式结束后人们再分食。水族、布依族村寨附近的山林被称为"护寨林"，村规民约里有许多对它的禁忌，这既让它充满神秘感，又保护了生态环境。"风水林"保存了种类繁多的树种，"除了常见的水杉、香樟、雪松等，还有贵州本土生长的青冈栎、枫香、香椿等"①。"护寨林"因为人们的敬仰和保护，其树木和水源都得以较完整的留存，水资源也得到大量的累积，这也是今天水族、壮族、布依族居住地水源较丰富的重要原因。

动物崇拜也是贵州少数民族的崇拜之一，动物崇拜与图腾崇拜、祖先崇拜环环相扣。以苗族为例，蝴蝶是他们的信仰之一，称为妹榜妹留，即蝴蝶之母，苗族有着不准捕捉蝴蝶的习俗。除此之外苗族还崇拜虫、鸟等动物，并有相应的保护动物的禁忌，久而久之成了习俗。

二、保护自然的制度规约

贵州少数民族流传下来的一些传统中有保护自然、尊重自然的规约，如彝族、苗族等流传下来的村规民约。布依族的村规民约中有大量保护自然的规定和禁忌，认为只有良好的环境才能让人生存繁衍下去。黔东南水族每年都有"封山议榔"的习俗，人们十分重视，对保护当地森林资源也起到至关重要的作用。侗

---

① 张喜，王莉莉，刘延惠，文弢，崔迎春，姜霞，张佐玉，霍达，李丹. 喀斯特天然林植物多样性指数和土壤理化指标的相关性 [J]. 生态学报，2016，36（12）：3609-3620.

款中有禁止砍伐森林、合理利用土地的相关内容，对生态保护同样发挥着重要作用。布依族先民指定的"八围田"分田制度，使得田地有充足的劳动力耕种，体现了布依族先民的智慧。贵州少数民族的聚居地都存有禁止砍伐树木的铭碑，如咸丰七年所立的《长贡护林碑》、道光八年立的《公议禁止碑》，是当地族民崇拜树神而立，起到了维护生态的效果。大量保护森林的碑刻，是人们注重生态平衡的结果，碑刻上的内容大都是禁止乱砍滥伐、毁林开荒、过度开垦等①。贵州少数民族聚居地留存下来关于保护自然资源的碑刻大多是清朝时期的，这与清朝时统治者对贵州大力开发从而造成的生态破坏有关，雍正时期，贵州的自然环境被严重破坏，石漠化不断加剧②。这些环保碑刻被视作是人们对被破坏的生态展开行动的标志，同时也说明贵州少数民族人们保护生态的意识。因碑刻保存的时间较长且大多立于显眼之地，于是具有长久性、警醒性、民主性三个显著特征，让人们树立更强的生态意识，又使人们保护生态的意识不断传承下去，同时牢记于心，付诸行动。

三、巧用自然的生态技艺

（一）生活方面适应自然的技艺

贵州世居少数民族在长期恶劣自然环境下生存，充分发挥了自己的智慧，结合自然环境创造了两者相宜的生活方式，在生活与实践中，长期与艰苦环境的斗争使得少数民族先民创造和积累了很多适应自然环境的生存技巧。服饰方面：贵州地处西南高原、山多地少，冬天比较冷，所以人们的穿着多是厚重和深色保暖的衣服。饮食方面：部分水族、布依族等聚居在河谷区，拥有较为丰富的水资源，路平水丰，适合水稻的种植，这里的人们也大都是吃稻米。居住方面：河谷

① 姚炽昌. 清代锦屏苗、侗族人民的婚俗改革 [J]. 贵州民族研究，1991（2）：105-109.

② 韩昭庆. 雍正王朝在贵州的开发对贵州石漠化的影响 [J]. 复旦学报（社会科学版）（2）：126-133.

地带湿气较重，因此，当地的少数民族选择干栏式建筑，居住在山区的少数民族则选择了半干栏式，这也充分体现出了少数民族先民的智慧。因贵州的平地资源十分匮乏，干栏式建筑依旧不能满足需求，智慧的先民开始在洞穴中建筑村寨，在紫云县的打郎、板当、红岩、妹场等村镇至今还遗留着苗族先民生活过的洞穴遗址①。

（二）生计方面利用自然的技艺

充分使用贵州典型山地地区的土地资源，使其获得应有的效益，可分为两种播种形式，让有限的土地获得更多的可能。第一种：小区域内杂交种植或养殖多种生物。如侗族的"稻鱼共生""稻豆兼种"。鱼的食物就是杂草和害虫，人们不用再辛苦地除草除虫，稻田虫害减少的同时又促进了鱼类的生长，收获时节水稻成熟，鱼也养得硕大肥美，人们一举两得。大区域利用土地主要表现为人们在喀斯特地貌突出的大片的土地上因地制宜进行生产劳作，麻山苗族的"刀耕火种"就是利用土层较薄的山脊地段种植，树木密集但比较陡的地方则成为了狩猎采集区，洼地积水则存起来成为了旱季水源。

贵州山地地区土地资源稀少，土壤贫瘠且分布也不均，只能采用刀耕火种、轮作、浅耕、休耕等方式来适应自然环境。刀耕火种是少数民族先民用劳动和头脑造就的，也被认为是低投入、绿色协调的种植方式②。与之相反，轮作可能更有效、可持续和高产，不同作物所需养分不同，将各种作物轮番种植在同一块土地上，到收获季节能收获多种作物，或者作物收获后种植绿肥，让土质变得肥沃，这样既可以让土壤的有机质得到充分利用，又能保证土地的肥沃程度。威宁县少数民族村寨的苗族一开始便将耕地划开，用以轮作休耕，然后每几年换一部分耕地来种植，保证每个部分都能轮荒③。休耕过程为之后的耕种打下了基础，

---

① 吴正光. 苗族的村寨文化 [J]. 当代贵州（9）：60.

② 陈国阶. 我国西部生态退化的社会经济分析——以川西为例 [J]. 地理科学（04）：7-13.

③ 杨俊，孟浩. 土地整治对耕地轮作休耕的影响研究进展与展望 [J]. 土地经济研究，2016（2）：144-157.

划分好的生态圈又不会让人们无地可种，既减轻土地压力又保证作物有收成。务农劳作是人们的主要发展模式，另外还有放牧和狩猎等，这形成了混合多样的生计方式，也是今天少数民族地区丰富独特的民族风情的来源之一。村寨一般位于山区，附近高大茂密的林子为人们维持除农业之外的生计打下了基础，人们在林中狩猎，还考虑到动物的生存问题，总结出了一些保护动物的方法。麻山苗族有"连续三天不遇猎物就停止打猎"的说法①，因为数天没遇到猎物说明这片区域的动物已经被猎走很多了，再打猎的话就会破坏生态平衡了。多种多样的生产方式不仅有利于解决人们的温饱问题，而且对促进生态平衡也有重要意义。

第三节　贵州少数民族生态文化资源

贵州地形特殊，并且作为人和自然和谐共生的栖息地，许多生态智慧里就包含着贵州当地具有乡土气息的生活文化及经验总结，在这样的一个环境下形成的具有少数民族气息的民族生态文化，不仅在全国，放眼全球都是具有特色并且独一无二，也正是这样独具特色的民族生态文化，成就了另一种稀缺的生态文明形态。

怎样将贵州的少数民族文化融入到"国际视野"的生态文明这一权威的位置上？怎样才能够让这一文化参与到现代社会里生态文明的建设当中去？是当下对贵州少数民族文化研究的重要组成部分。

一、贵州少数民族生态文化体系的主要构成及体现

少数民族文化对自然都有敬畏之情，在他们看来所有的事物都是有灵性的，

---

① 李艳，李玲. 麻山苗族对喀斯特山区竹鼬的认知与利用——竹鼬在石漠化灾变救治中的生态平衡作用 [J]. 原生态民族文化学刊，2014，6（4）：21-27.

因为生活在这样一个特殊的地理环境里，因而他们崇拜山水自然、崇拜森林土地、崇拜各种具有灵性的事物。所以"自然"于他们的文化里就带有宗教意味和特殊文化的韵味。在这样一个文化发展的漫长岁月里，贵州少数民族利用独特的地理环境、自然环境，用他们的智慧，辛劳的汗水，勤奋的双手创造并积累了丰厚多彩的生态文化。

（一）民间信仰中的生态意识

生在贵州大山中的人"靠山吃山"，他们在向自然索取资源的同时，也注重对自然的尊重与保护。如金沙县的苗族同胞们向森林索取木材后也注重植树造林，保护森林资源，有取有还①。他们在森林保护方面不除草，也不去清理林地，不挖地翻土，也不购买木材，他们在原来的森林里将那些自然生长的树木移栽，不仅使得树木的生长之间有一定的空隙，得以吸取营养物质和光照、水分，还使得森林面积不断扩大，让那些原本只能栖息在大树木下的小树，能够有生长的机会。他们在培育、扩大、保护森林方面做出了巨大的且有意义的贡献②。经研究发现，贵州的苗族有"树图腾"文化，他们敬重枫树，在贵州黔东南的苗族古歌里就有关于枫树的赞歌，这些苗族同胞将枫树作为自己民族的神树。而贵州的其他民族之间也存在着这种树图腾文化现象，他们崇拜神树，就像是在崇拜神灵，所以这些少数民族都对神树、神林非常的尊重，并且世代守护它们②。

贵州的少数民族"坐山吃山"，大自然也为他们提供了丰富的物质资源，他们在山间打猎的时候，都有"谢山神"的仪式。也就是在他们获得猎物以后将所有猎物堆积在一起，要通过一系列的仪式来感谢山神的馈赠，如用香纸等祭谢完山神以后，才分割打猎收获的猎物。正如上文所述，在贵州少数民族的文化里，他们认为万物皆有灵性，再加上他们民族的特殊性，所以在他们之间形成的文化，具有很浓郁的宗教意义，目的就是为了表达对大自然的馈赠，感谢自然的

---

① 张晓龙．周捍宏．李涛．．贵州省高等级公路绿化现状及其对策［J］．西部交通科技，2010（9）：100-103.

② 民族志：第一篇［M］．贵州省志．贵阳．贵州人民出版社．2002.

庇护。以贵州少数民族为例形成的民族生态意识，实际上就是我们整个民族生态意识形成的基础与借鉴、从某种意义上来说，这样的一种民族生态意识实际上就是我们对于整个生态环境的保护的前提，以小见大，从而才能更好的将我们的生存环境保护好。

（二）山地农耕中的生态生产方式和生态智慧

贵州世代生存的民族根据当地地形的特点，采取了相适应的耕作方式来开展生产生活，各民族充分发挥自己的民族智慧，将特殊地域少数民族的生态做出了最具实际性的诠释。

在贵州黔东南苗族、侗族聚居的地方有一种耕作方式宛如梯田。虽然贵州多为山地地形，但在气候相对湿热的地方有山地式稻田的栽植，而人们还在稻田里养殖鱼虾等水产生物，到一定的气候条件时，还将鹅鸭等家禽放入稻田养育，鹅鸭排出的粪便直接进入稻田，在它们的活动下还有助于翻松稻田泥土，使得家禽、水产生物的粪便能更好的被稻谷吸收，而稻田里生出来的害虫成了鹅、鸭、鱼、虾等的食物。传统的农业生产，不使用农药、化肥等化工添加物，将动植物混合养殖，这样的一种套作生产方式不仅充分将山地利用到最佳程度，还能有"一地多收"的效果，即在收获水稻的时候还能收获鱼虾、泥鳅等水产品，相应的还能在田地间收获由于营养物质丰富，以及因被鸡鸭除去害虫而生长繁盛的植物。所以说在贵州山地少数民族聚集地形成的这一套动植物混合种养的生产方式，不仅完美利用山地地形，还形成在单位面积里收获最大的生产方式，实际上就是我们现在所认为的最具有意义和价值的生态生产方式，而且对于生物多样性的维护有着积极的示范和推动作用，这种套作生产方式对于维护生态的平衡做出了极具意义的贡献和引导价值。

综上所述，不论是梯田式的套种还是喀斯特高海拔山区的旱地，都是那些区域里世居的少数民族同胞们，根据自己民族生存和对大自然特性的了解而总结出的经验，而这些经验总结也对我们了解这些乡土知识有着积极的引导作用。

（三）生活与节日习俗中的生态文化

贵州的少数民族对于自然的爱护以及敬重不仅体现在劳动生产过程中，还体现在日常的生活中和民族习俗当中。在黔东南地区的锦屏县和黎平县的苗族，他们就有一种世代相传的习俗——倘若谁家出生的新生儿是女娃的话，那她的父母就会在她出生以后在山上为她种下一片杉树，然后细心呵护这些杉树苗，等他们的女儿长大成人出嫁前夕就可以砍伐了，有的将这些小时候为她们种下的杉树做成家具一类的用品直接陪嫁女儿。因为这些杉树陪同这些女娃一起长大，且在出嫁时被砍伐，因而这一地区为女儿种下的杉树又叫"女儿杉"或是"十八杉"。

而在少数民族的传统文化里有很多关于生态文化的表现，他们基本在每年的阴历九月初九，有一种叫"扫寨"的活动，其实目的性就是为了宣扬与教化人们在村寨之间安全文明用火，同时也要注意森林防火，保护森林安全。因为在贵州山区很多少数民族居住的地方多为全木制的房屋，所以防火就显得格外的重要。从这一系列的习俗中其实不难看出少数民族的意识里，就有对生态系统的维护，以及对生态承载能力的思索。

（四）传统习惯法和乡规民约中的生态文化

贵州多山，在这里少数民族聚居地基本是依山而建，所以他们的生产生活都是依靠山林物资，那么各类植被与药材也是当地人的财富之一。贵州由于地理环境的特殊性和民族布局的特殊性，在他们自己民族间形成了一种民俗，自觉维护森林，维护共同的财富。他们在采药的时候也有严格的规定，他们在每种药材生长的地方只采四到六株，只取土层以上的部分。正是由于他们约定俗成严格地采摘，才使得许多珍贵的药材还能生长至今。

在黔东南的一些村寨里还有着严格的寨规："砍伐树木要在指定的范围里适当地砍伐，严禁偷盗别人的木材，假若不遵守的，除了要归还人家的木材，还要附带三十三斤猪肉作为罚款。假若有私自放火烧山的亦是罚三十三斤猪肉。不但不能破坏村寨里的古树，也不能亵渎，否则亦是罚猪肉……"而这些罚没的猪肉是由全村寨的人共分的，一是作为补偿，二是作为惩罚。在护林方面还有严格的条款——乱砍树木的一棵罚五块，而且要栽还，包栽包活，还有相关人士监督验收；放火烧山的每株罚款一到两百块，而且还要受到相关条例的惩罚；有些被牲畜破坏的树木，由牲畜主人承担相应的惩罚①。他们之间自己形成的一套有关保护森林的法规，实际上是符合生态建设需求，对我们当下生态文明建设提供了很好的借鉴。

二、贵州少数民族生态文化的特点

在阐述和分析贵州少数民族生态文化时可以看出，贵州少数民族生态文化的形成和发展和那个区域里的生态环境有紧密的联系，正因为区域的特殊性，民族的特殊性，才使得少数民族中形成的生态文化具有地域性和民族性，这种生态文化体现在当地民族生活的方方面面，但在当前城镇化快速发展的社会里，这种浓郁的自我习惯约束早已受到快节奏的冲击，在这种强烈的对比之下，就愈加显得少数民族文化格外的珍贵。

（一）地域性和特色性

贵州地处山区，少数民族居多，在这里世居的民族与山水融为一个整体，在这样一种环境里形成的少数民族生态文化，就是他们在自然界中的一个长期积淀，也正因为环境的特殊性，所形成的少数民族生态文化也就具有很强的地域特色，不论是各民族间的神灵崇拜，还是生产生活中的约定、习俗，整合起来都是在对他们自己生存的环境的保护，渐渐地就形成了具有贵州山地特色的生态文化。

（二）民族认同性和约束性

贵州的大山孕育了山里的民族，大山给他们提供需要生活的物资以及生存条

---

① 姬安龙，等．从江县东朗乡孔明村苗族乡土知识调查报告［R］．2005.

件，所以他们的生产生活也与大自然息息相关，在这样的特殊条件下，他们对于自然的认识就有一定的民族性和地域性，在各种条例的约束下，已然成了一种公众的共识。在民族认同感的驱使下，他们从思想到行动都体现出一种一致性，共同保护着这个世代赖以生存的家园。民族间的各种祭祀活动就是对这个自然界敬畏的表现，也正因为害怕神灵的惩罚，所以从思想到行动上又有一定的约束性，也正因为这样的约束，才使得他们能更好维护生态环境的平衡性。

（三）多维度性和珍贵性

贵州的少数民族生态文化融合了这个区域内各个民族之间生活的各个方面的内容，具有多样式的表现，换句话说就是贵州少数民族生态文化具有多维度性，它表现在对自然界事物的崇拜，也就是对神灵的敬畏；表现在日常生产中对耕地、森林等的保护；表现在节日、习俗中；表现在自定成文的村寨村约当中。正因为这样的民族文化多样性，共同构成了独具特色的贵州少数民族生态文化，也正因为这种独具特色的民族文化，在快速发展的当下就显得更加的珍贵。

三、云南与贵州少数民族生态文化特征对比

云南省是一个拥有彝族、白族、哈尼族、壮族、傣族等 25 个少数民族的多民族省份。多分布于生态环境较为复杂且脆弱的高寒山区、干热河谷和石山地区。如何在艰难的自然环境中生存是云南少数民族同胞思考的问题，在数千年与自然相处的过程中，对这一问题的思考和实践形成了少数民族生态文化。

（一）云南少数民族传统生态文化的合理性

1. 在思想观念上，具有人与自然和谐共生的朴素生态观

云南少数民族宗教信仰、村规民约、风俗禁忌中渗透着浓厚的生态意识，他们认为人兽同祖，花草树木和鸟兽鱼虫都是生命的一部分。例如，丽江的纳西族祖先认为自然和人类是一对兄弟，并且只有保持人与自然的这种亲缘关系，人类才能从自然中获益。此外，他们也相信世界上存在代表自然的神灵"署"，并形

成了盛大的"署谷"仪式。纳西族每年年初都要举行"署谷"仪式，如若发现人类存在伤害自然的行为，则需要向"署"赔礼道歉并求得谅解，并进一步与自然形成约定，这种行为体现出云南少数民族群众与自然和谐共生的思想观念。

2. 在伦理与制度中，体现敬畏自然的生态伦理观

云南各少数民族在与自然的相处中形成了一系列保护生态环境的禁忌和村规民约。通过神灵和宗法制度的权威来震慑规范族民的日常行为，使他们形成保护山川河流的责任意识，以达到在日常的生产实践中自觉保护赖以生存的自然环境。例如，迪庆地区藏族百姓生活在高寒缺氧的严酷生态环境中，认为周围的山水是护佑他们的"神山圣水"。于是规定族民不能随意砍伐神山上的树木、猎取动物，禁止捕食圣湖中的鱼类，违反规定者会遭到神灵的处罚。傣族族民众则将佛主看作是世间最美好事物的化身，并且主张要保护动物与自然，坚决反对猎捕与杀戮。白族则将燕子视为自己的家人，如果伤害燕子就意味着在伤害自己的至亲。此外，独龙族、布朗族等民族也都有独属自己民族特色的禁忌，他们拒绝伤害正在哺乳的动物，禁止在动物产崽的春天打猎。

3. 在实践活动里，形成适应自然的生态行为习惯

云南许多少数民族地区由于其地理位置相对偏远、交通发展不便利，生产力相对较低等原因，形成封闭型自给自足的经济方式。为了满足衣食住行等方面对木材的巨大需求，少数民族族民在房前屋后、村寨周围、田边地头、山上河边种植树木与竹子。建寨、种树、种竹是哈尼族、傣族等少数民族生产生活中的重要组成部分，需要全寨的族民齐心协力一起完成。藏族的轮牧方式以及基诺族、布朗族等山地少数民族刀耕火种的生产方式，大都是拥有严格的烧山防火措施的。此外，云南少数民族探索出来的作物套种、垦修循环与用养结合，以及森林水源的分类管理制在维持生态系统整体稳定的前提下也起到了保护自然的作用。这些生产实践不仅正确地处理了人与自然的关系，也有效地保护了物种多样性[①]。

---

① 刘会柏，安敏. 云南少数民族生态文化及其现代治理意蕴阐释 [J]. 学术探索，2015（05）：87-92.

（二）云南少数民族传统生态文化的特征

在不同的自然环境中，云南各少数民族的生态文化也会随着生态与资源的变化而改变，每个民族的生态文化都蕴含了其民族在认识、了解与改造自然中所形成的独一无二的生产与生活方式，而这些生产方式也会随着时间而逐渐变得生态化，进而使得各少数民族地区得以良好发展。少数民族生态文化是一个随时代改变而改变的动态化系统，各个民族所拥有的生态元素随着交流而相互碰撞、融合、再造，也使得民族生态文化不断地创新而逐渐变得多样化。而在此基础上，云南少数民族生态文化也就逐渐具备以下特征。

1. 习俗性

云贵高原拥有独一无二的地理、气候与生态特点，少数民族的生产生活方式、思维习惯、道德评价、宗教信仰等都受到当地自然生态环境的影响。少数民族群众勤劳朴实、尊重自然，认为花草树木等皆受自然界的主宰——神灵护佑。神与自然界相统一，人类需尊重自然、敬畏神灵，否则便会降下灾祸。基于此，少数民族形成了关于保护动植物的习俗，例如族民们禁止在水源地洗浴；禁止肆意、毫无节制地猎杀野生动物，尤其不能伤害诸如老虎、狮子等这类具有灵性的动物；坚持实施封山育林这一环保措施；禁止在动物繁殖期捕猎等。除此之外，少数民族族民在日常饮食中也体现出生态观念，如烹饪食物时讲究原汁原味，注重食物的天然和绿色。比如景颇族的手抓饭就十分具备环保理念，将食材用清水洗净后放入芭蕉叶中蒸煮，制作完成后的食物渗透着蕉叶的缕缕清香，既美味又健康。由此可见，少数民族的习俗一定程度上也蕴含着其尊重自然、爱护生态环境、保护植物的生态文化①。

2. 珍贵性

现代文明的快速发展，将少数民族生态文化带入人们视野的同时，也使得少数民族生态文化的原真性受到一定的影响，这不仅是云南少数民族生态文化所面

---

① 李立琼. 云南少数民族传统生态文化及其现代转换［J］. 边疆经济与文化，2012（01）：34-36.

临的现状，也是贵州、湘西等少数民族聚居地区所面临的困境。越来越多的外来文化侵占了少数民族生态文化的生存空间，削弱了少数民族自身的文化自信，对现代文化和西方文化趋之若鹜，却错误地认为少数民族文化是愚昧、落后的。此外，现代化的生活方式消解了几千年来少数民族形成的独特生产生活方式；部分地区少数民族地区为了快速发展经济，自然生态遭到破坏。种种情况表明少数民族生态文化的多样性正在日益减少，同时也意味着其越来越珍贵。20 世纪 50 年代中期，景洪市基诺山的森林覆盖率在 60% 以上，而到了 20 世纪 90 年代中期则下降到了 40%。云南少数民族地区生态文化资源的消退警醒人们必须要重视自然资源价值，使其在绿色发展中发挥更大的意义和价值。

3. 地域性

民族生态文化作为一种地域性资源，正确认识不同地域之间生态环境的发展规律，是实现少数民族地区绿色发展的前提。云南世居少数民族的生态文化具有一定的地域性和民族性。例如云南省禄劝彝族苗族自治县内的彝族村落几乎都拥有视为本村保护神的神树，这些具有上百年历史的神树大多都生长在村落内地势较高的地方或交通要道处，他们认为神树能为族民带来健康和福禄。而居住在红河石屏的花腰彝族崇拜龙，认为龙能够祛除邪气，祈求平安，因此舞龙是当地的特色祭祀活动；而其他彝族支系也因其不同生活环境与地理环境也形成了别具一格的文化特征。云南各少数民族的生态文化在交往过程中也在不断融合，呈现一定的融合性。此外，由于少数民族分布分散，地理位置偏僻。因此，其生态文化还具有明显的边缘性，与现代主流文化有较大的差异。这些特质共同构成了珍贵、独特且不可替代的云南少数民族生态文化。

4. 动态性

民族生态文化并不是一成不变的，其受到自身民族内部文化发展规律和外部环境的影响，具有动态性。云南少数民族生态文化的动态性体现在以下两个方面：一是民族内部文化各要素不断变化发展，其各要素之间相互交织共同维护文化的稳定发展；二是民族生态文化与社会、自然环境相互制约，互相影响。民族生态文化在社会发展中不断地更替旧元素，融合新元素，伴随着实践生活的变化而变化。当今时代，由于少数民族地区的经济快速发展破坏了原本平衡的生态系统，当这种破坏力超出生态系统自我修复的承载范围后，社会环境也随着生态系统的变化而发生变化①。丽江古镇发达的旅游业在带来经济飞速发展的同时，也使得当地的传统古建筑和文化受到了强烈的冲击。古建筑作为民族生态文化发展的物质基础直接影响少数民族生态文化的发展，而这种发展也受到外部环境的不断影响。在这一过程中，少数民族生态文化不断融合其他文化元素得到动态创新发展。为了促进民族生态文化的发展，应当在注意自身发展逻辑的基础上，结合自然、社会等外部因素，深度挖掘民族生态文化资源，使其发挥最大的价值。

（三）云贵少数民族传统生态文化的对比

云南与贵州两个省份相邻，同处于云贵高原的一部分，自然环境较为类似，省内皆分布着众多的少数民族，其中苗族、彝族等大量分布于云贵两省。可以说云贵两地由于丰富原始的自然生态系统和复杂的地理环境，其境内的少数民族在与自然生态，在几千年的朝夕相处中，形成了独特的少数民族生态文化。那么云贵两省少数民族生态文化特征是否有相通之处呢？

整体来看，云贵两省少数民族生态文化具有地域性、珍贵性、动态性等整体特征，这是少数民族生态文化由于产生、发展和动态重塑于自然环境中。因此，与当地的生态环境、地理环境、气候环境有着莫大的联系。而由于云贵两省地理地形、气候环境的差异，十里不同天，两省少数民族生态文化又有着其少数民族聚居地独特的特点。例如，广泛分布在贵州、云南的少数民族彝族，其语言因地理位置的不同共分为北部、东部、南部、东南部、西部和中部等六种方言。北部方言包括北部与南部两种次方言和三种土语，其地理位置主要分布在四川的凉山州和云南的丽江地区；而东部方言则包括黔西北、滇东北和盘县三种次方言和十种土语，主要分布在贵州的毕节地区和六盘水市；南部方言主要分布在云南的红河州、玉溪地区和思茅地区等。少数民族生态文化是整体性和差异性的统一，同

---

① 龙丽波，吴若飞．云南少数民族生态文化特征及其价值——基于绿色发展理念 [J]．社会科学家，2017（06）：152-156.

一民族的文化也会随着其分布地区的自然、社会、人文环境所发生变化。因此，在把握云贵两省少数民族生态文化整体特征的同时，也要对单一独特少数民族具体对象具体分析，认识到其蕴含在整体性中的独特性，这样才能更好地认识到少数民族生态文化的内涵和特质。

| 第二章 |

物质层面的贵州少数民族生态文化

贵州少数民族地区独特的生态环境与温热多雨的气候环境造就了其独特的衣食住行文化。"三天不吃酸和辣，心里就像猫儿抓，走路脚软眼也花""三天不吃酸，走路打偏偏"这些流行在黔南民族地区的民间谚语，道出了这一带水族、苗族、侗族等民族爱吃酸食与辣食的传统特质；布依族服饰的蜡染手艺、彝族的"尚黑"服饰审美观、侗族的"杉树型"民族服饰以及畲族服饰上的马尾绣工艺等，这些风格各异的民族服饰类型共同铸就了贵州地区多姿多彩的少数民族服饰文化；黔西南和西北部地区多以土制房为主，黔东部地区多以木制房为主，中南部地区多以石头房为主等独特的少数民族建筑风格，书写了贵州多样的历史文化，这些不同方面的文化都是贵州少数民族生态文化的重要组成部分。

第一节　贵州少数民族饮食中的生态文化

贵州少数民族饮食文化是贵州少数民族文化的构成部分之一，源于原始时期越人的饮食文化，在发展的过程中也融合了其他民族的饮食特点，例如苗族喜吃生、壮族喜食糯米等①。贵州少数民族在漫漫历史长河的发展中逐渐形成了其独特的饮食文化，主要体现在以下几方面：

一、山水生态与自然和谐的滋味之美

（一）各民族不同的主食和副食

生活在贵州的各民族，以农耕经济为主，兼有畜牧业和养殖业。由于不同的居住区域，主、副食品也有差异。一般来说，生活在平地坝子、河谷地带的布依族、壮族、水族、土家族等，他们主要种植的是水稻，因此吃的主要也就是米。而生活在山区的彝族、苗族、仡佬族等，水田很少，以旱地为主，难以种植大量的水稻，所以主要栽培薯类和麦类。因此，在很长一段时间里都是以粗杂粮为主食，吃米饭是在近几十年因科技迅速发展才有的改变。

或许是觉得仅以大米作为主食有些单调，于是少数民族人民发挥自己的民族智慧，将米制成了丰富的特色食品，米粉就是其中富有特色的食物之一。另外，黔东南的少数民族栽种糯米具有悠久历史，也有较为著名的优质糯米，如贵州南部侗族地区的香糯米。糯米饭也是贵州人的"心头好"，一般是把糯米饭煮好后二次加工。糯米性温，长期食用对胃有好处。糯米饭捏成的饭团还被贵州少数民族青年男女作为一种表达情意的礼物，每当"游方""赶坳"时，年轻女子就会带着糯米团赠送给自己喜欢的人，指的是和和美美的意思，对方若是接下，即代表着接受情意。

（二）各种特色菜肴

贵州不仅拥有崇山峻岭、纵横交错的河流，还拥有广阔的丛林，这些自然条件给贵州各族人民提供了充足的食材资源。各少数民族人民利用自己的聪明才

---

① 后立琼，陈安均. 苗族发酵型白酸汤的生产工艺 [J]. 食品科学，2012, 33 (24)：356-359.

智，在不断的生活实践和生活体验中产生了无数火花，造就了花样繁多的饮食文化，烹制出了很多闻名遐迩的美味佳肴。

酸汤是侗族、苗族、瑶族、水族等民族的特色菜，分为坛制和桶制。坛制的有酸汤、虾酱等。酸汤的制作方法十分简单，把淘米水装在坛子里，不放其他东西，放在火旁，置两三晚即得，主要用来煮菜，十分入味，菜品以酸汤鱼最为有名；此外，烧鱼是侗家人的特色菜肴。第一种方式是暗火烘烤，烤透内脏即可；另一种是置于茅草当中烧炙，待草烧尽，鱼亦透熟，这样的烧鱼方法有青草的芳香，十分美味。当然，谈起特色菜也少不了苗族，苗族的"腌胙肉"也备受大家喜爱。其制作虽不复杂但口味独特，把新鲜猪肉洗干净并在阳光下晒干后切片撒上厚厚的粳米粉，一层一层地放进土坛里，用多层芭蕉叶封口，然后将其倒置，这就要求封口时要封得足够牢固。有的还会在孩子出生时腌一缸肉，然后用黄土黏封 30 年，等到孩子长大娶亲时才用来待客。启坛后的肉胙，颜色鲜黄透亮，味道奇美无比。

（三）酸、辣饮食习俗

贵州地区各民族饮食文化色、香、味俱全，尤其以酸辣味为主，这是由其特定的历史地理因素决定的。众所周知，中国古代盐的买卖由朝廷把控，价格十分昂贵，地处偏远物资贫乏的贵州人常年缺盐，只能另寻他法解决这个问题，于是贵州多产的辣椒此时起到了重要作用，这也是现在的贵州人不惧辛辣的原因，同时也使辣椒成为贵州民族菜的百味之主。生活在山区的苗族和其他贵州少数民族等民族同样也面临长期缺盐的状况，因此智慧聪明的苗族、侗族等族民经过不断实践研究出了用"酸"弥补缺盐的方法。如今，这些独具特色的民族菜肴也成了贵州吸引游客的招牌，如酸汤鱼、酸菜豆汤等。

酸几乎是贵州人的本味，谚语说："三天不吃酸，走路打蹿蹿"，就是贵州各民族饮食方面的真实写照。基本上家家有酸菜坛，饭桌上要是没有酸味菜就吃不好饭。常见的酸腌菜、酸肉、酸辣椒等其美味让人难以忘怀。

贵州少数民族饮食中的酸可分为两类：一类是作为饮品和调味酸，叫酸味汤；酸味汤有三种，因加入的料不同而味道不同，也给人们提供了更多选择。另一类是指酸味食品，贵州特色风味菜馆最近几年不断出现在各大城市，多半以民族酸味菜为主打，其独特口味受到人们的喜爱，贵州民族菜自此不仅融入了市场还获得了良好的反响。

贵州各民族都爱吃辣椒，几乎到了无辣不欢的境界，也爱吃酸，因此"酸"和"辣"已经成了贵州的饮食特色，招牌语"辣出品位，酸出特色"形容得分毫不差。就像上海人爱吃甜食一样，贵州人的菜里少不了辣椒，所以光是用辣椒制作的调味品便有数种，如糍粑辣椒、煳辣椒面、酸辣椒酱、辣椒油、阴辣椒、辣椒豆豉等都有自己的特点。本地人能够用一种或多种辣椒制作出干辣、油辣、糟辣、酸辣、麻辣、复合辣等十多种独特的辣味系列。蘸水是贵州菜品的灵魂，堪称民族饮食一绝，以辣椒为底料，品种丰富，根据菜品和人们不同的口味配制不同的蘸水。常用的有烧毛辣椒蘸水、糟辣椒蘸水、折耳根蘸水等。

在长期的生活实践中，贵州各少数民族用智慧制造出了花样繁多、各有特色的辣味食品。贵州人嗜辣，一般解释为"天无三日晴"的气候环境，因为湿度太大，所以用辣椒御寒驱湿，但主要还是因为贵州的地质条件适宜孕育出丰富优质的辣椒，而且勤劳勇敢富于创造的贵州各族人民在长期的实践过程中展现了他们睿智的头脑，赋予了辣椒更多内涵。时至今日，它不仅是各种各样随处可见的调味料，更是贵州各族人民智慧的结晶。贵州民族菜无不透露着酸辣开怀的特点，洋溢着热情古朴的民族风情。

（四）多姿多彩的酒文化

贵州位于亚热带季风性湿润气候，这给其发展酿造业创造了一个有利的先决条件。所以，贵州历来是名酒之乡，不仅有闻名世界的茅台酒，还有各少数民族独具地域特色的自制米酒。酒在少数民族文化里扮演了一种独具特色的角色，具有调节浓厚节日氛围的作用，每当盛大节日来临，酒不可或缺地被家家户户摆上桌席。

位于黔东南的苗族人民自古以来就有饮酒的习惯，清代的书籍《黔南识略》

对此有相关记载。在清朝乾隆年间，黔东地区的苗族人就时常把吹笙饮酒当作乐趣。对于勤劳努力的苗族人民而言，酿酒就是他们的拿手绝活，各种普通的食物到了他们的手里都会摇身一变为美酒佳酿。但在相当长的历史时期，由于地理因素，苗族聚居地区大米和糯米相对稀缺，所以他们常用玉米和红薯作为酿酒的原料。但是，这些杂粮酒的品质稍逊于米酒，因此黔东南苗族人民常于平日饮用杂粮酒，只有逢年过节或招待贵宾时才会饮用米酒。仡佬族人民习惯饮用一种"爬坡酒"（又名哑酒）。据说，饮用了此酒，干活挑担上坡不费力气，所以叫做爬坡酒。这种酒是用玉米、稻谷、高粱、小麦、大麦等为原料，用丁香、广香、随手香等酿制而成，其酿制和饮用方法都极具民族特色。黔东侗族族民习惯饮用一种自酿的糯米酒，又称侗乡糯米甜酒。农忙时，侗家几乎家家酿制，人们在劳作休息时用清凉的泉水冲制，喝上一两碗不仅防暑解渴而且能增强体质。在节日时，还被用来作为供奉的美酒，成为一种节日礼仪，而且侗族同胞有在重阳节这天用新收糯米酿造"重阳酒"的习俗。他们往往将新糯米制成的甜酒酿装入瓦罐后密封，然后在火边慢慢烘烤发酵，等到春节之时再取出饮用。此酒粘稠可拉丝，醇香异常，十分可口。水族不仅善于饮酒，而且酿酒技艺也十分高超，他们酿制的米酒色泽淡黄、酒味微苦，醉后几天才能清醒。

贵州是纯真、古朴的酒礼酒俗之地，由于地理位置的相对封闭性以及喀斯特地貌的复杂性，加之历史和人文因素，使得贵州在传承少数民族传统文化尤其是饮酒礼仪和习俗方面成为一个原生态的"博物馆"。

世代生活在贵州的各少数民族十分好酒，他们敬神、祭祖、节庆、社交以及婚丧嫁娶等都离不开自酿美酒。酒对于他们而言不仅是他们生活中的一种爱好，也是多姿多彩的少数民族生态文化的载体。贵州少数民族同胞不论男女老少，都性格豪放热爱饮酒。彝族有句谚语"汉人贵在茶，彝家贵在酒。"热情好客的彝族同胞崇尚饮酒，无论在什么场合，也不论是生客还是熟人，只要有酒，大家就会围成一圈席地而坐，端起酒杯依次挨个敬酒，这也就是人们常说的"吃转转酒"。如果家中有客人来访，彝族同胞则一律以美酒佳肴相待。他们一圈围坐，中间摆上一瓮酒，若是中途有人加入，大家腾出一个空位，让来客也参与畅饮。

这正是彝族人热情好客的民风和朴质诚挚、坦荡豪爽的性格的体现。此外，在畅所欲言的聊天中，转转酒也起到了彼此交流沟通的作用，加深了人们的沟通，蕴含了一种难以言传的心理整合的意义。特别是逢节庆吉日，彝族的姑娘们还要抱一坛酒放在自家门口，并在酒坛上插上几根麦秆、芦苇或打通竹节的小竹子，以招待过往行人前来饮吸。更为有趣的是，彝族情窦初开的青年男女在赶集、放牧或串亲的途中，男方若是看中某位姑娘，就会夺走姑娘头上的帽子或其他心爱之物，女方也是如此。双方若是中意，就会以追索自家物品为由，追随对方至一僻静处"幽会"，在对歌对饮一番后，相约"携酒入山，竟月忘返。"（乾隆《姚州志》）他们的"蜜月"竟是"酒月"。后来，人们俗称这种联谊和谈情说爱的酒称为"吃山酒"。

仡佬族同胞饮酒时，不但盛列形状各异的"酒藤"，用藤吸取美酒佳酿，而且往往饮酒以鼻吸之，称为"钓藤酒"。而苗族在饮酒时会先有席中最德高望重的老人用手指蘸酒来祭祀天地，在这一仪式举行完毕之后，大家才会开怀畅饮。苗家人每逢到了年节之际如果遇到远方亲朋好友，一定会把他们接到家中并用美酒佳肴款待，主人则在寨门前设"拦路酒"迎接，称为"过关饮酒。"① 客人要喝完在寨门前设置的"关卡酒"，才能进寨门，客人进主人家还须饮一牛角杯"进门酒"，上席之后须再饮三杯"入席酒"。然后宾主共饮"转转酒"（即先左后右轮番饮酒）和"交杯酒"（即互换杯碗，宾主起立两臂交叉挽着彼此将酒饮尽）。绚丽多姿、新奇怪异而又纯真古朴的酒礼酒俗以及各具特色的酿酒方法构成了令人陶醉的贵州少数民族酒文化，酒文化更是由于贵州少数民族地区独特的生态气候、复杂的地理环境以及交通因素共同影响而形成的。

（五）多姿多彩的茶文化

贵州山峦叠嶂，气候潮湿多雾，无污染，茶叶品质较高，是天然的佳品。这样得天独厚的条件，使贵州几乎处处出产好茶，许多少数民族地区在唐代就出产

---

① 潘守永．三峡饮食诸题［J］．读书，1998，05（5）：143–143．

朝廷贡茶。千百年来，各民族留下了无数的茶歌、茶俗、茶故事等茶文化。贵州不同少数民族地区创造出多姿多彩的茶文化，并且至今仍然活跃在少数民族人民的日常生活中。诸如凤凰三点头、客来敬茶、浅茶满酒、捂碗谢茶、三茶三礼等。

贵州山地许多民族至今仍沿用古老的制茶工艺和饮酒习俗，并拥有很多独具特色的茶事茶艺、茶史茶法、茶文学、茶风俗等。贞丰坡柳苗族的"状元笔茶"就十分出名。当地茶农在采摘茶叶的时候，先精心挑选茶树的嫩梢把它们采摘下来，然后带回家中炒揉、理直，接着再用棕榈树的叶子将理直后的茶树嫩梢捆成一束晒干，最后再绑上红色毛线，这就是"娘娘茶"。因为这种茶叶外形与毛笔的笔尖极为相似，所以当地人们又把它称作"状元笔茶"；再比如盘县的彝族茶农们在采茶时，会先将采摘下来的茶叶翻炒，然后再用手捏成圆饼的形状，最后用棕片包好挂在灶上炕干，这种茶叫"团饼茶"。此外，地处贵州西北高寒地区的彝族同胞们古往今来也一直有饮用"罐罐茶"的习惯，黔东南地区的侗族更是以"煮油茶"闻名于世。

二、饮食选择与自然环境的适应

（一）"酸食"与生态环境的关系

贵州的自然气候条件影响食物不能长期保持新鲜，少数民族先人发挥聪明才智，把食物制成酸食以达到保鲜的效果。

在经济发展过程中，由于受到多种不利条件的限制，产盐的地区与人们生活的地区相隔较远，再加上去中原地区水陆交通不便。过去贵州少数民族地区缺盐，食物口感得不到满足，因此，为了生存的需要，他们就想出了用酸菜代替食盐的方法。少数民族人民长期进行体力劳动，胃酸有所缺乏，吃酸有利于促进消化，所以酸食在贵州少数民族地区非常受当地人的喜爱。酸食之所以受到如此青睐，除了它特殊的香醇味道与防腐功能外，它还有一种营养价值较高的化合物叫"酶"，可以帮助消化吸收，增进食欲。因此，酸肉、酸鱼等酸食还是水族、苗族、侗族等民族待客赠友的必备佳品。

　　贵州少数民族形成喜食酸食的原因，不仅受到主食结构的影响，还受到贵州的地理环境和生活习惯的影响，由于贵州少数民族生活在良好的亚热带季风气候区，腌制食物受到热量、水源、土壤等多种条件的限制，在不同的季节，所腌制的食物也就不同。他们一般根据食物生长特性选择腌制食物，在生产力落后的条件下，反季节蔬菜较少，因此一般三月腌制青菜、八月腌鱼，而其他的食物腌制则没有特定的时间限制。

（二）"生食"与生态环境的关系

　　在长期的历史发展过程中，从史料上来看，贵州少数民族地区地理位置属于楚越边境，在传统文化深远持久的影响下，今天，仍然可以在史学资料中查找他们的饮食习惯，比如明朝景泰年间的《云南图经志书》一书中详细记载了生肉的食用方法，这对我们今天对少数民族生食习惯的研究有一定的作用；樊绰《云南志》蛮夷风俗卷对生鹅肉的食用方法也有相应的记载；除了以上的记载，还有《新唐书·南诏传》和《云南通志》，两书对于生食的食用和制作方法亦有记载。从以上相关史料记载来看，吃生食受到自然环境和历史条件的影响。

　　除了受到传统文化和自然环境的影响，缺乏燃料也是人们吃生食的一个重要原因，气候和森林资源的匮乏使得生食成了人们首要选择。在生产力落后的时代，燃料主要来源是干燥的植物，但在湿润的亚热带季风气候区，砍伐的植物很难能达到焚烧的标准，即使在今天，如果不借助科学技术，要完全掌握作为燃料植物的干燥度和燃火能力也是很困难的。长此以往，人们就保留了吃生食的习惯。由此看来，自然地理环境是影响生产力发展的一个重要原因。生食不仅是生产力落后的产物，也是在传统"天人合一"思想影响下尊重自然的体现，是人们遵循适度原则的体现。

（三）"酒"与生态环境的关系

　　贵州少数民族地区人民好酒主要有以下几个原因，从气候条件来看，贵州属于亚热带季风气候，季节性气候气温反差大，日温差大；从地理位置来看，贵州少数民族生活地区昼夜温差大，贵州少数民族通过喝酒抵御风寒，不仅如此，酒还可以用来驱赶蚊虫。"酒"文化更多体现出一种大众文化，它存在于生活中的各个场景、场所中并深得百姓喜爱。少数民族地区劳动人民勤劳能干，不仅会充分利用当地食材，还可以将当地食材发挥最大作用，比如侗家人善于用自己种植的米酿制糯米酒，自给自足，以此满足生活的需要。侗家人制作美酒常采用酿制和烤制两种方法，一般接待客人都会选择用自己酿制的酒，味浓色香。少数民族自制的酒更受人们欢迎，它采取原始的制作方法，天然无污染的原生态酿制工艺，健康更美味，当地少数民族通过饮酒不仅可以解暑，还可以消除疲劳。

由于受到气候和地理生态环境等多种因素的影响，贵州少数民族地区酿酒原料丰富。酸酒是侗族家中的必备品，它的主要原料是糯稻，亚热带季风气候气温适宜、降水丰富、无霜冻期和丰富的水资源为糯稻的种植和生长提供有利条件，还有利于食物发酵。糯稻的种植面积较大，为人们酿酒提供了充足的原料。

综合上述内容来看，贵州少数民族地区饮食选择离不开生态自然环境。当地少数民族充分利用自然环境，创造独特的美食，酸食、生食和酒都是原生态自然环境下人们物质生活的选择。

第二节　贵州少数民族服饰中的生态文化

中国是个多民族的国家，而其中贵州又是一个多民族聚居的地方。贵州民族服饰是无与伦比的，早在清代就有人编绘了一部《百苗图》，将各民族的服饰集为一册，里面收录的服饰式样使人看了感到惊讶、奇特。

一、生态美学视角下的贵州少数民族服饰

（一）服饰彰显不同的地域性

贵州的少数民族多聚居在与世隔绝的山区，他们保持着传统的生产方式和自然的经济形态，生活在这里的人们在生活方式和行为习惯上都受着地理条件和人文因素的影响，这一环境下人们对于衣着的要求也就有了独特的形式。比如苗族的服饰与险峻封闭的地理环境就有着密切的关系，苗族人主要聚居在潮湿的山脉间，这些地方重峦叠嶂，常年积水，气候温润，由于山脉高而众多，造成了交通的不便利。苗族人就生活在这样一个相对封闭式的社会环境中，所接触到的外来文化和现代科技文明的影响较少，但正是这样才使得他们保留了原生态的生活状态，也是人类文明中的一幅瑰丽的图景。贵州少数民族人民用自己的双手创造了富有独特风貌的文化体系，而民族服饰就是其中最为突出的文化之一，各民族人民在生活中萌发智慧，又把智慧融入生产活动中，这些独具民族文化的服饰被完好的保存下来，为我们研究原生态文明提供了有力的材料，同时这也成为了人类文明中绚烂的一抹色彩。

（二）山水的纯真情致

服饰不是自然生成的，但它却是劳动人民从自然界获得灵感而创造的，不同的服饰是人们在不同时期和地理环境下智慧的展现。贵州少数民族所聚居的地理条件是多变的，所以他们的服饰也是丰富多彩的。总体而言，贵州少数民族服饰的款式和色彩都较于北方地区要更加多样，颜色也更加深艳。贵州的少数民族借助自然景物和传统物象的形态，将它们绣印在服装上，形成了少数民族地区服饰的一大特色。

德国美学家利普斯在他的论文《论移情作用》中讲到——"人类的一切审

美都是源于内心散发的同情感。"① 这里所说的 "同情感" 就是移情的表现，人类在劳动创造中将自己的情感融入对审美事物的感知中，从而使这些审美对象也变得生动而富有情感。我们将贵州服饰的创造和设计看作是人们生活移情现象的一种表现，制作服饰的人将在自然中所看到的，生活中所感悟的都融入创造的艺术中。从一点就决定了贵州少数民族服饰的多样性，因为就贵州地区的自然环境来看，它是一个地形地貌多变且复杂的地区，促成了服饰文化的多样性，像六枝地区的布依族，他们的服饰和贵州其他地区的布依族服饰也有着不同之处，这和地理环境有关，同时也与这个地方的气候特征有一定的联系。贵阳以及安顺平坝一带的布依族，生活于云贵高原境内，他们的服饰也有着自己独特的艺术性。贵州的布依族不论男女老少，服装都是以青、白、暗紫为主，这体现了一种对于绿水青山的崇尚。服饰上的图案多是对传统图文或是自然物景的反映，而采取的就是布依族的蜡染这一特色工艺，给衣服上图案的过程本身也是一道亮丽的风景，像是纺织、印染、刺绣等。制作服饰的整个过程就是一个体验生活、感悟大自然的过程。

（三）色彩旋转的世界

贵州少数民族大多生活于边陲地区，山峦横亘、风景绮丽之处，青的山、银色瀑布、绿的溪流、红黄的花、灿烂霞光，风景极其秀丽。以黔东南为例，聚居在被称为 "生态绿洲，世外桃源" 美誉的地域，苍松翠竹，百花争艳，景色宜人。这就是贵州少数民族服饰的颜色五彩缤纷的重要原因，但从总体上来看，贵州少数民族服饰的颜色还是集中于青、靛蓝等几个主色调，这些都是比较深的颜色，但是组合起来整体上是显目又不失庄重的，这是色彩所展示出来的美，但它的美不仅体现在其色彩上，在图案和线条上都有所讲究。适宜的色彩对于服装的点缀作用是不容小觑，每一种颜色所带给人的感受也是不同的。

在贵州少数民族这个大花园中，绚丽多彩的服饰就是花园里夺目的花朵，这

---

① ［美］罗伯特 F. 墨菲（著）. 王卓君. 吕迺基（译）. 文化与社会人类学［M］. 北京：商务印书馆，1991.

些服饰除了装饰人们的外表以外，也寓意着人们对于大自然的崇敬。按照色彩来看，贵州的少数民族服饰大致可以分为三大类：一类是以艳丽色彩为主，以苗族女性的服饰为例，大多是以大红、紫、绿、蓝等艳色为主打色，加之以银饰、荷包、手帕作为点缀，所以整体效果看起来就非常突出显眼；一类是以浅淡色彩为主，这以彝族女性服装最为显著，她们的服装大多是以白色、浅蓝、浅绿等颜色为主，这种颜色搭配起来显得轻快淡雅，给人端庄的视觉体验；一类是以黑色和蓝色作主色调，然后用其他颜色来混合这些颜色，这种颜色搭配给人一种肃静、沉稳的感觉，大多适用于男性服饰的上色。虽然服饰的色调和人们的审美观念有关，但另一方面也和地理环境、人文因素有关。形成多色调服饰的原因是多方面的，其中地理环境的不同是不可忽略的一大原因，我们应该考虑到生态环境对于民族服饰的影响力是很大的，不管是服饰的取材、制作还是成品的寓意，它都与生态息息相关。

英国历史学家汤因比在《历史研究》中提出："环境可以影响某一文明的走向，但是却不能成为创造'冲击'文明的积极因素。"① 从这里可以看出同一文明现象或许会在不同的环境中产生，它有其偶然性，我们现实环境中的一些现象可以得到证实。所以这样一个结论也可以运用于我们对贵州少数民族服饰的研究中，同一个地区并不一定有着同样的民族，就算是同样的民族，但他们的生活习惯和文化体系也会有所不同，我们不能以影响其形成的某一因素而对它进行定义，杜绝以"一刀切"的方式对待少数民族服饰文化。

二、生态视角下的少数民族服饰文化

贵州少数民族众多，而各个少数民族又有各具本民族特色和地域特色的少数民族服饰，形成了贵州色彩瑰丽的服饰画卷。苗族、布依族、侗族等少数民族服饰也是在少数民族族民与当地自然生态环境和谐共处中形成的，具有生态之美。

---

① ［英］汤因比 . 历史研究（上）［M］. 上海：上海人民出版社，2010.

（一）苗族服饰

1. 苗族服饰的生态之美与色彩之美

苗服的制作过程和成品都体现出了人与自然的和谐之美，我们可以从它还是一件质朴的布料时讲起，服装的布料取材于自然，苗族的人们将这些布料进行加工、印染，生态的观念始终贯穿其中。苗族人民常用棉麻作为服饰的材料，这种布料穿在身上有着亲肤感，特别是在炎热的夏季给人带来清爽的感受，这也已经成为苗族人的服饰特色。

苗族服饰在色彩选取上都会有它自己的一个主色调，我们常见的是以深色为主，像是靛青、深蓝、黑色等。从起初的简单遮蔽物发展到形式各异的服饰，这种和大自然融为一体的觉悟和智慧也使得苗族能够在长期艰险的环境中留存下来。苗族人民相信人与大自然之间的相互作用，他们在尊重自然的前提下，对于自然万物合理的利用，并将自然生物融入生活中，为我们展示了一个生物的社会，而不单只是人的社会。他们除了用色彩来装饰服装外，还将其他元素也融入服饰制作中，像精湛的刺绣手艺、精美的图案设计以及银饰的打造等，通过这些向人们展示他们所感受到的自然，也突显出了苗家人的精神①。

2. 苗族服饰的生命溯源

苗族服饰的生命力是足够顽强的，不管是从它的历史源流来看，还是从它本身的文化底蕴来看，都体现了苗族人民对于自然生命的敬畏。我们从贵州苗族的服饰上可以看到苗族人民的智慧与勇敢，这些服饰承载着苗族人长期以来对于自己和对自然的美好寄寓。在苗族文化传承中，服饰成了传递情感的一种特色中介，服饰就承载着苗族整个文化体系，而又因为民族文化具有生态美，看到这些绮丽的服装时，就会油然而生依赖感，我们都是生活在自然社会中的人，所以每一个人对于大自然都有一种依赖感，苗服正是给了我们这样的感受。在对自然的另一种阐释过程中，苗族人民用图案传达着对于自然原力的崇敬，他们通过在服

---

① 歧从文. 贵州苗族服饰的源流及其形式美. 苗族研究论丛. [M]. 贵阳：贵州民族出版社. 1988.

饰上描绘自然物象表达着对自然的忠诚热爱。苗服不仅传达了苗族人与自然之间的和谐关系，还将各种文化讯息无声的传送到世人身边。

（二）布依族服饰

布依族服饰的发展历史悠久，具有很高的文化价值和艺术价值。

1. 布依族服饰图案中的生态美

布依族服饰的图案非常精美，这些图案除了大自然中的生物外，还有一些不规则的线条或是图形，对于服装的展示效果起了极大的作用，也有着极强的修饰效果。我们常见的布依族服饰上的图案，大多是一些蕨菜花、刺梨花等，这是布依族聚居地区所特有的一些植物，布依族人民创作服饰的灵感大多是来自自己熟悉的生活中。这里的刺梨花是贵州地区特有的一种植物，刺梨所生长的环境就是一个非常具有象征性的环境，只要给它一点土壤，它就能生根发芽。由此我们也可以理解为什么布依族人喜欢这种植物，它象征着顽强的生命力和不畏风雨的强大，体现出布依族人民坚强勇敢的性格特点。

布依族服饰上的图案不管是抽象的还是写实的，它们都有一个特征，其原物是源于自然物的延伸①。布依族妇女在将这些图案绣在服饰上的时候，同时将人们对于自然的情感融入其中，这些图案主要有谷物、野生植物等。我们可以想象出原始布依族人对于自然的崇拜和敬重，特别是各种各样的谷物图案，布依族人将它们设计成线条状，颗粒状或是长条状，每一种形状给人的感受都不尽相同。这与布依族生存地区温暖潮湿的气候环境有利于谷类农作物的生长有关。据史料记载，布依族是世界上最早种植水稻的民族之一，这也对于各地区农作物的开拓做出了积极的响应②。

2. 布依族服饰工艺中的生态观

自工业文明以来，我们赖以生存的环境就开始遭受各种形式的破坏，虽然贵州所处的地理位置比较偏僻，但还是面临着前所未有的挑战。作为自然界中的一

---

① 姚晨琰. 贵州安顺市镇宁县布依族服饰研究 [D]. 东华大学，2017.
② 周国茂. 论布依族稻作文化 [J]. 贵州民族研究，1989 (3)：14-20.

种强大的生物，我们在很多时候认为自然万物都能为我们所利用和掌控，但实则不然。我们和其他生物一样在这个自然界中相互依存，所需要遵循的一个前提就是尊重自然，顺应自然，在此基础上才能发挥自己的主观能动性来创造属于人类的文明。当多次自然灾害被引发后，人们开始审视自己的行为，并有所改变，开始推崇万物和谐共处，追求"绿色生态"的生活形式。这些观念也开始体现在服饰制作上，布依族人喜欢在选材上选择那些具有天然成分的原材料。有记载表明，长期以来布依族制作服饰的原料就是以自然棉麻和植物色素为主，他们在劳作过程中植棉、纺纱、织布，这些在布依族人的古歌、传说、童谣中都有体现。在《南史·夷貊传》和《后汉书·南蛮传》中也早已记载过关于布依族人从大自然中取得原料来制作衣服的传统。他们之所以选择这样一些材料，是因为他们所居住的地方刚好适宜栽种这些植物，这与他们的生活环境有着天然的联系①。

布依族最为盛名的就是历史悠久的蜡染手艺，布依族地区的男女老少所穿的服饰大都是采用了蜡染技艺。据《宋史》四九三卷记载："南宁特产名马、朱砂……蜜蜡、蜡染布……②"布依族的蜡染主要是以青、蓝、白为主色调，制作工艺可谓非常独到，制作出来的成品精美耐用，也很少出现颜色脱落的现象。他们将这样的功劳归功于自然的恩惠，是大自然赋予了它们这样的神奇特性。布依族的服饰制作取材都是原生态的健康品，加上他们别出心裁的服饰制作手艺，将布依族服饰推向了世界服饰的舞台③。

（三）彝族服饰

1. 彝族服饰色彩的魅力

彝族服饰分为礼装和生活装。从整体上看，黑色是彝族服饰的主色调，搭配着的还有白色和黄色。原料是自织的土布，根据经济状况也有丝绸、棉麻和羊毛

① 罗汛河.造棉·造布歌.[M]贵州民族研究会编.民间文学资料，1986.
② 周启萌，田艳.非物质文化遗产视角下的布依族蜡染技艺的传承和保护——基于贵州省镇宁县石头寨的调研分析[J].原生态民族文化学刊，2011，3（04）：109-115.
③ 丁文涛.布依族印染工艺探源[J].贵州大学学报（艺术版），2007（02）：17-21.

织品。这些布料经过加工染成黑色，给人以庄重朴素的感觉。但是设计者也考虑到了如果仅仅只有黑色，那样只会显得格外的凝重严肃，所以制作过程中他们又加入了其他颜色作为陪衬，这样一来这些服饰就综合了各种色调的特色。精美的刺绣，花边纹样图案装点在黑色服饰及头饰的边角上，并佐以黄色和红色，显得格外醒目。前胸至衣衩都绣有称为"毕力妥罗"（彝语，意为圆形宇宙）的图案，镶有红、黄及其他颜色的花边与黑色长袖相连接；再有一处就是百褶裙和男装的下部镶有略宽于袖口的火纹、螺纹、羊角纹、八卦纹、虎纹等组合图案与黑色裙身相衔接。这三处均有红、黄和其他颜色的嵌入，让整个色块有了很大变化，在原来古朴、厚重的色彩基础上增深了优雅与变幻。

无论是在日常装饰品上还是在平时的穿着服饰中，黑色总是彝族有别于其他世居少数民族的"独特标志性"颜色。事实上，各少数民族对于色彩的选择是十分复杂的，它包含着民族情感、宗教情感与历史情感，也正是这多重混合的情感赋予了颜色新的特征与含义，并由此凝结为世代相传的集体表象，这也正是彝族传统服饰尚黑的审美风格保持至今的原因所在①。彝族人民借助黑色这一颜色符号来表达出他们向往与大自然融为一体的生活理念。长此以往，这种观念上升为理性意识，并形成了彝族人民与自然和谐共生的生态审美观。

2. 彝族服饰图腾中的生态美文化

特殊的自然生存环境孕育出彝族独具特色的"尚黑"生态审美观。正如徐恒醇所言："生态美是主体与自然环境的依存关系，它是由人与自然的生命关联而引发的一种生命的共感与欢歌。""生态美所体现的是人与自然的生命关联和生命共感。②"生活在险峻高山中的彝族人民，往往会面临更多其他民族无法遇到的生活挑战。比如在面对茂密森林里凶猛的老虎、狮子时，他们难免会产生恐惧感。因此，彝族族民对于漆黑长夜和凶猛的老虎都拥有强烈的敬畏之心。他们的先祖一直将老虎视为世界上最为凶猛的野兽，并且认为这种动物体内拥有超越自然的神秘能量。因此，出于对老虎的崇拜与尊重之情，彝族人民把其视为自己

① 张建，肖国荣．彝族服饰的生态审美观［J］．美术观察，2011（10）：114.
② 徐恒醇．生态美学［M］．西安：陕西人民教育出版社，2000.

民族的保护神。

这种崇拜感在彝族的服饰中表现得淋漓尽致。彝族家长喜欢给自己孩子戴上黑虎头像的帽子，穿上黑虎图案的鞋子。成年男子的上衣上有黑虎彝文刺绣图样，女子的服饰上也装饰有大小不一、形态各异的虎纹图案。族民们将虎的图案装饰在服饰上，一方面是祈求得到老虎的庇佑，另一方面也表示自己是虎子虎孙，永远都不能忘祖①。

（四）侗族服饰

1. 南北部方言区不同的侗族服饰

从不同的例子中我们可以发现不同方言区的民族服饰是有一定的区别的，居住在北部方言区的侗族由于居住地自身的地理位置的优势，当地服饰和汉族的演变几乎相似。其中男性的服饰又比女性更具现代化特征，女性的更偏向于传统特征，以锦屏县侗族服饰为例：这里的女性所着的盛装是由她们自己一手制作的，这体现了她们的勤劳与聪慧。她们的外套、裤子、发饰、腰带、首饰等制作工艺各不相同，集中体现了一个地区民族的智慧和魄力。南部方言区的侗族服饰则迥然不同，这些地区比较偏僻，交通不便，所以他们的服饰大多是沿袭了传统特色，没有太多的现代化元素，都是较为古老的裙装。南部方言区侗族妇女的服装以绣花最为突出，这些绣满精绣花的服饰格外的诱人，上面的图案是以龙凤图为主，其间也搭配有水云纹、花卉纹等。

侗族在服饰的颜色使用上和其他民族有着共通之处又有着明显的不同之处，这些都是人文因素和地环境因素形成的，但在同一地理环境中的同一民族也存在不同的文化习俗。这是因为在长期多民族共存的基础上各民族之间交流、融合所致。像我们上面所说的不同的少数民族方言区少数民族的服饰文化是不同的，就和这些因素相关，况且每一种民族服饰在制作取材上，或是设计灵感和构思的来源上都是和自然息息相关的。贵州少数民族服饰之所以有着强大的生命力和民族

---

① 韩佳格．浅谈贵州赫章彝族服饰 ［J］．贵州大学学报（艺术版），2008（01）：18-21.

情感也和当地人民对于自然的崇敬与创造有关。

2. 侗族服饰中的审美图景

侗族的少数民族服饰外形整体看起来就像是一棵杉树的形状，而杉树也恰恰是该民族的精神本源。正如德国 W·沃林格所说的："装饰艺术其最本质特征体现在：一个民族的艺术意志在装饰中得到了最纯真的表现。"而贵州侗族的典型服装款式之所以仿照杉树外形来制作，也正是想通过杉树这一隐喻来表现其族民们最淳朴无邪的艺术意志和勇敢坚毅的民族精神。

从服装的色彩设置上来看，侗族服饰的制作大多采用红色、紫色等较深的颜色，而鲜用其他较为鲜艳的色彩，这与侗族族民生活环境有很大的关系。一个民族拥有哪种类型的风俗习惯，也就会出现什么类型的着装现象，比如体现在其服装的色彩喜好上等，而这些对服装色彩的选择也恰恰是其民族生态文化在族民身上最直观的体现。由于侗族人崇拜、尊重朴实的杉树，性格也比较低调稳重。因此，在服饰颜色的选择上不追求鲜艳扎眼的色彩，而是倾向于选择那些更为简单、朴素的颜色，比如红黑色或紫黑色等较深的颜色。侗族制作衣服的布料也是他们自己制作的，被称为"侗布"。侗布与杉树的颜色十分相似，这也体现了其民族尊崇自然的人化与人化的自然的双重统一，以及和谐的审美生存图景。

（五）畲族服饰

1. 畲族服饰的特点

贵州地区的畲族服饰与其他地方的畲族服饰虽一脉相承，但其仍拥有自己独一无二的特质。时至今日，畲族少数民族服饰的款式和特征已与史料记载中的畲族服饰有了较大的差异与改变，但其最本质之处还是有所保留，只是在其基础上增加了服饰的多样性。

现今并存的三种样式分别是"花袖衣""东家衣"和"凤凰衣"。其中，花袖衣是现存的三种服装样式中历史最悠久的，也是文献资料中记载最多的。花袖衣因其层叠穿着且将精致袖口露出以达到装饰点缀的目的而得名。传统的"花袖衣"由以下几部分组成，分别是包头巾、花袖衣上衣、大裆裤、绣花鞋以及配套的围腰或腰带。上衣通常是自制的靛青色麻布衣，袖口装饰有蜡染段和刺绣段。下装往往是靛青色大裆裤，再配以翘鼻绣花鞋。而"东家衣"样式出现在"花袖衣"之后，现存实物资料比较丰富，却几乎没有相关的文献资料记载。完整的"东家衣"样式包括绑头带、"东家衣"上衣、围腰、裤装、绣花鞋五个部分。日常装几乎无装饰，盛装上衣领袖绲边，饰以花纹织带。裤装是与上衣同色系的大裆裤，脚穿单鼻绣花鞋。"凤凰衣"的刺绣装饰虽然很少，但其用色却十分大胆。不同于其他少数民族服饰，畲族服饰中的色彩往往采用小面积对比，十分秀气。

2. 畲族服饰的生态艺术

畲族传统民居的选址与布局方面十分重视环境保护与生态保护等问题。畲族人认为自然界就是他们生命的一部分，并且在长期生产劳作的过程中与自然建立了和谐友善、相互依存的关系。

在服装材料选取方面，天然的棉麻往往是畲族人民首选材料。据史料中记载，畲族自古以来就流行一种说法叫作"无寒暑，皆衣麻"，意思是说无论是寒冷的冬天还是炎热的夏天，当地人都会穿着由麻布制作而成的服饰。在染制方面，畲族服饰的色彩一直以青、黑或者蓝为主，礼仪服饰也是以青色为尊[1]。从明代起，畲族人民就会使用天然染料青靛染色。此外，因为畲族人民的村落往往建设在山林之中。因此，青靛染出的衣服既满足日常的实用性需求，又具有较高的隐蔽性，对于畲族人民来说是最适宜的选择。

畲族服饰在原料、颜色和刺绣纹样的选用上都表达了畲族人民渴望与自然和谐共处的意愿。大自然在赋予他们生活资源的同时也塑造了他们尊重生态环境的优秀品质，并由此进一步养成了畲族人自然、朴素的审美观念。

---

① 陈然萱. 畲族织锦带研究及其在当代服装设计中的创新应用 [D]. 北京服装学院，2017.

（六）水族服饰

1. 水族服饰的特点

水族的传统服饰大多是青色或蓝紫色。男子的服饰较为简单，大多是长衫上衣，外套马甲，腰间系上布带子，并穿上宽裤脚的长裤，配以布鞋。而女子服饰则较为复杂，身着无领长开衫，在衣服的下围、袖子口、裤腿边上都镶有精致花边。从服装色彩看，水族中老年喜着黑色，青年男女喜着蓝色，忌大红与黄色，布料以蓝靛浸染为主①。

从现在的水族妇女服饰搭配来看，主要有两个明显特点，一是她们在很大程度上保留了之前的服饰样式，并且继承了传统的图腾纹样；二是在传统基础上又对服饰加以创新，紧跟时代发展的脚步，这些表现具体体现在服装用料的选材上更为广泛，颜色的选择也更为多样化。她们的服饰已经不仅限于传统的青、黑、蓝等深颜色了，而是增加了许多其他颜色。

2. 水族服饰中的生态美学

水族服饰中最为精美的就是国家级非物质文化遗产马尾绣，它是将当地马尾毛与丝线搓成绣线镶嵌在服饰上的一门具有强烈浮雕感的刺绣技艺。水族手工制作的传统服饰的原材料与染料都是纯天然、无化学添加剂的绿色原料。这种取材于自然的生产模式对保护自然起到了很大的作用，并且蓝靛染液在给衣服染色的同时还能起到消炎杀菌的作用，做到真正的回归自然、返璞归真②。此外，水族人在制作衣服的过程中仅仅是织布这一环节就要经过十几道繁杂工序。当然，也只有经历这些不可或缺的层层工艺步骤才能制作出精美耐用的布料。

每个民族都有属于自己民族的图腾信仰，如汉族的龙凤纹、苗族的蝴蝶纹等。因此，在对民族服饰产品的设计与改良中势必会面临民族符号的相关应用问题，如何将符号合理利用并恰到好处彰显其蕴含的意义，是人们当下思考的一个问题。水族人民在其服饰与随身搭配中巧妙利用符号来彰显其民族生态美学的做

---

① 唐媛媛. 三都县水族女性服饰文化变迁研究［D］. 四川美术学院，2019.
② 王克松. 水族服饰文化与生态环境初论［C］. 水家学研究（四）论文集.

法，也给我们提供了相应的借鉴之处，同时也为发扬其民族文化与魅力做出了特有贡献。

（七）仡佬族服饰

1. 仡佬族服饰的独特之处

基于贵州独特的地理位置与气候特点，仡佬族族民发明了"桶裙"这种服饰，并且人人皆可穿着。在当地村民下地劳作的时候，穿着这种"桶裙"既便捷舒适又十分宽大凉爽。这种裙子的制作方法十分特别，它的基础原料采用的是棉麻和羊毛，为了增强服饰的可欣赏性与个性，选用的羊毛可以随自己的喜好进行染色处理，然后利用两种材料编制而成①。在女性服饰中，大多数是短款上衣，长度大概到腰间；下面一般则穿白色、青色和红色的长筒裙。除此之外，女性服饰上衣往往还搭配一个无袖长袍彰显自己的端庄与大气；头部装饰品一般是长头帕，再穿戴一双钩尖形状的鞋子。男性的服饰大多是圆领长袍，显得稳重且富有亲切感，衣服的长度大约到膝盖或者是膝盖以下，方便其下地劳作。此外，一些家庭经济条件相对比较富裕的族民，他们的服饰大多是由丝绸制成的，兼具舒适与美感，并且他们也会随季节变化来实时调整自己的穿着方式。

2. 仡佬族服饰中的文化传承

仡佬族的服饰对当地少数民族族民来说已经远不仅仅是起保暖、装饰作用的普通衣物，更多的是承载了其族民对氏族以及神秘自然的敬畏之情。比如仡佬族族民在小孩常戴的帽子上装饰以羽毛、贝壳等物品，以此方式来表达他们纯洁的自然观；除此之外，仡佬族的妇女穿的裙子上也装饰有数条镶有龙凤花鸟刺绣的飘带，这也是图腾崇拜的体现之一。仡佬族族民认为人们之所以会经历疾病、灾害、祸事等现象始作俑者皆是由于各种鬼怪在作祟。但与此同时，他们又认为丹砂是一种很神奇的事物，有消除灾祸、给人带来财运和平安的功效。因此，为了驱邪避鬼，族民们将丹砂制作成红色的颜料并涂在桶裙上以此来避免灾祸与病

---

① 漆文莉. 黔北民俗文化管窥——以黔北仡佬族服饰为例 [J]. 戏剧之家, 2016 (04)：226-227.

痛，并祈求可以带来好运。

众所周知，文化对各民族来说是不可取代的精神象征，它支撑着民族代代相传。仡佬族的服饰文化已经成为仡佬族民族文化中不可或缺的重要组成部分，其独具特色的服饰文化不仅已经成为仡佬族民族符号的象征，更是仡佬族人民在生存发展中所拥有的宝贵财富。当前全球正呈现一体化趋势发展，为保护仡佬族服饰文化的顺利传承，必须要找到有效的措施与合理的办法，助力仡佬族服饰文化生命力始终保持旺盛。

（八）土家族服饰

1. 土家族服饰的独特之处

贵州土家族传统服饰的颜色、样式一直都较为单一，直到在明王朝改土归流之后才逐渐变得多元化；在这之前，土家族民族服饰的样式简单，颜色单调，且男女同款。如"八幅罗裙"是男女都可以穿，如今八幅罗裙就只有巫师在一些特别的仪式上才被允许穿着[①]。随着流动人口的活跃与增加，贵州各少数民族文化随着不同民族族民们的接触开始了更深层的交融互动。其中，在杂居地区，汉文化对土家族的影响最大。因此，土家族基本上穿戴的都是汉化的服饰；新中国成立后，当地青年人们也逐渐注重跟随时代潮流，对服饰的要求转而变成了是否能满足他们彰显个性的首要需求，也正是因为如此，他们慢慢也就不常穿土家族的传统服饰了。

土家族男子的传统服饰款式设计比较简单，主要就是上身穿带有扣子的开衫，下身穿宽松的裤子，腰间绑一条配有花卉图案荷包的长绣花带子。而土家族女子的传统服饰往往是上身穿棉麻材质的低领短衫，下身配有百褶裙、筒裙以及阔腿绣花筒裤等。贵州土家族小孩服饰颜色种类较多，而且衣服一般没有扣子，裤子是开裆裤。男孩着装会随着年龄的增长逐渐变得单一起来，女孩着装则以自

---

① 崔露，谢云中.贵州土家族传统服饰风格特征 [J].铜仁学院学报，2016，18（05）：167-170.

家染成的花布为主①。

2. 土家族服饰的丰富寓意

土家族儿女十分热爱生活，他们会关注生活中的种种细节，然后从这些细节中捕捉到能够彰显其独特个性特征的内容，再将其运用在服饰图案的构思与设计中，同时，也会把自己对生活的希望与向往以及对亲朋好友的美好祝愿，一同融入服饰图案的设计之中。

土家族传统服饰不仅风格独特，而且相当注重衣服是否具有美感。如：他们常给儿童戴老虎头形状的帽子，意指小孩戴上以后可以像小老虎一样勇敢坚强，这也体现了他们对孩子的一种美好期盼。此外，各个少数民族在传统服饰的图案造型设计上，一定是包含着吉祥美满等概念性的符号，土家族服饰当然也不例外。这些富含美好愿望的符号正彰显了土家族充满深厚底蕴和生命活力的民俗文化。另外，土家族对于服饰的颜色也十分考究，比如贵州土家族的男男女女日常着装常穿类似青蓝色的衣服，体现了低调朴素、热爱自然的别样之美。

（九）其他主要少数民族服饰

此外，因贵州少数民族较多，且风格各异，因此其服饰文化也异常丰富。除了上述提到的苗族、布依族、彝族、侗族等少数民族服饰以外，其他少数民族服饰也都有其自身的特点，比如贵州瑶族的服饰整体特点是男女服饰大多以单色布料为主，显现出其族人拙朴内敛的审美取向；贵州毛南族的服饰大多则采用自织自染的土布、花椒布来制作衣服，并利用纺织、印染、挑花、刺绣等工艺为衣服增添色彩。因此，这类服饰往往给人以淡雅、大气、美好如玉的特点；贵州羌族服饰很大程度上继承了古羌族的一些传统，最典型的就是他们对羊的喜爱与崇敬。一些羌族服饰的花纹和饰物也能反映该民族的历史传统，如服饰上的羊头图案和羊角花纹样都表明该民族对羊的崇拜②。此外，羌族族民一般是住在崇山峻

---

① 齐志家. 土家族服饰历史分期的初步研究 [J]. 武汉科技学院学报, 2004 (02): 19-22.

② 李锦伟, 杨兴英. 贵州羌族服饰 [J]. 中国文化遗产, 2012 (06): 80-83.

岭之上。因此，又被人们称为"云朵上的民族"。他们也因为这一地理特点制作出了许多彰显其民族独特性的服饰，如云云鞋等。除了前面提到的民族之外，还有其他不同民族在服饰制作上也都体现出了各自民族的文化特色，而这些民族文化特色也彰显了其族民的别样智慧。

生活在这片神奇的土地上的各民族在历经几千年的生息、迁徙和流变中，创造出了属于自身的独特民族文化，而这些都成为了世界民族文化板块中不可缺少、绚丽的一部分，它们使得服饰文化的发展更加具有生机和活力，在探索民族文化发展历程时，这些民族服饰为研究者打开了一扇新的视觉大门，研究者可以从这些服饰中探索出民族的发展和历经的民族历史，各民族服饰的形成正是融合了多方面的因素，与他们所处的自然生态环境息息相关，而这也正是各民族服饰千差万别的原因。

第三节　贵州少数民族生产方式中的生态文化

贵州作为拥有众多少数民族的省份，其每个民族的生态智慧表现形式当然也各不相同。不过，从各民族生态智慧在各个领域的体现来看，它的最终目的都是为了保护和促进本民族的社会稳定，生产生活的平安、顺利、幸福，以及保护和促进本民族社会经济的发展与繁荣。当然，少数民族地区的社会经济的稳定与发展繁荣，对于整个社会经济的稳定与发展繁荣必定有着重要的促进作用。

一、森林适度开发中的生态智慧

贵州少数民族聚居地多处于山区，被森林围绕着，人们在青山绿水间劳作休憩。如果对这些自然资源的利用不加以规划，将会产生"多米诺骨牌"效应：资源减少、空气质量差、气候变化无常、土壤贫瘠、干旱洪灾多发，最终导致生态系统紊乱。

森林资源的划分更为讲究，贵州少数民族把森林资源划分为以下几种：一种可以砍伐部分树木作为燃料和建筑材料，这些林区的树木一般都是私人所有；另一种是为了涵养水土资源，全部封山育林；还有就是坟林，专门用来埋葬死者的；最后一种是轮歇耕作林。只有轮歇耕作林才可以开发利用，发展农业、畜牧业。这种清晰的划分使得生产力的发展和生态环境之间的矛盾控制在一定范围内，较为稳定地保持了生态平衡，使得人与自然的关系朝较好的方向发展。

谈及刀耕火种，大多数人会联想到远古沙漠的荒芜景象，落后且生产力低下，然而这并不是刀耕火种民族的全貌。随着环保、生态的理念纳入主流意识形态，完全背离生态和环境的刀耕火种再一次遭到鞭挞。

刀耕火种是以长时间精心规划、制定相关制度作为前提，而不是漫无目的地放肆焚烧。刀耕火种的民族在分地时是以村寨为单位，将全村的地分成十份，族民们一年只能种一份。烧地时提前修好防火线，烧时放倒火，而且需要专人把守以免火烧越界，火不熄灭人也不离开。贵州少数民族烧地引发火灾的情况实属罕见，个别意外情况是节日上坟时，民众不小心引燃坟林导致的。

刀耕火种中最基本的两道程序是砍树垦地和烧树肥地，烧地前会有祭祀活动。不仅如此，人们还会准备一竹筒水，用水来浇灭出界野火。祭祀完毕，才能开始烧地。要是土地相邻，人们会约好一起烧，共同防止火苗烧出界①。

二、刀耕火种中的生态智慧

刀耕火种的农业生产模式也被称为"游耕农业"，是农耕经济文化中比较原始而古老的方式，国际上通称"斯威顿耕作制度"，采用这种耕作方式的少数民族，主要以经营山地旱作物农业为主。这种耕作制度的生计特点是：在每个地方的土地（一般是半山地或山地）上对林木或丛林进行砍伐，晒干后焚烧。

不难看出，少数民族（主要是南方少数民族）人民凭借自己的生态智慧，

---

① 尹绍亭. 一个充满争议的文化生态体系——云南刀耕火种研究. [M] 昆明：云南人民出版社. 1991.

通常以游耕和丢荒的方式来解决耕作土地及林地生态再生的问题。在他们生产生活区域内，通常都把属于本族群、本村或本家庭的山地规划为若干个区域，在三四年的时限内，砍烧和耕作一个区域，其他区域则不得耕作，使之长期休养以蓄养树木或林丛。

在社会历史发展中，苗族和瑶族迁移次数较多，迁移过程中他们主要的生产方式就是刀耕火种。从宋代到清朝中期的文史籍资料里，有苗族、瑶族先民刀耕火种的详细记载，朱熹的《记三苗》里也都提到当时住在山区的苗族人民的经济生活方式主要是刀耕火种和狩猎采集。除了苗族、瑶族外，我国西南部的其他少数民族也大都历经了长时期的刀耕火种阶段，并积累了许多经验和智慧[①]。

三、"林粮兼作型"中的生态智慧

（一）"林粮兼作型"的农业生产形态的过程

林粮兼作型农业与传统的刀耕火种型农业不同。森林不再是土地的附庸，而是依靠自己的力量实现经济价值和生态价值最好的结合。正是这样，林粮兼作型农业变成了商业化耕作模式。

以侗族、苗族为例来看林粮兼作型农业萌生和发展的过程和历史。作为古越人支系的侗族居住于黔、湘、桂毗连的广大地区，其也是世界上最早种植水稻的民族之一。经过长时间的辛勤劳作经营，侗族渐渐形成了以水田稻农业为核心的经济类型。唐朝末期到宋朝初期，侗族社会明显分化成了"峒官"与"峒丁"两大阶级，进入到封建社会后，变成了劳役地租式的状态，这是历史发展所不可避免的。北宋末年，劳役地租被实物地租取代了，这表示封建生产关系得到了强化。明朝中期，随着地主制经济的兴盛，商品经济得到了长足发展。在这个背景下，天柱、锦屏等县的侗族开始大面积种植杉树，把它作为商品出售，林粮兼作

---

① 尹绍亭. 人与森林——生态人类学视野中的刀耕火种 [M]. 昆明：云南教育出版社. 2000.

型农业应运而生。清代以后，随着林粮兼作技术的普及和推广，林业因此得到了快速发展。

（二）林粮兼作型农业的生态意义

首先，林粮兼作型的农业就是以林木为主、综合利用、长短结合、立体开发、整合最大的资源，使土地的效益发挥到最大，是一种生态经济型农业。

如果一味地毁林开荒，片面发展农业，最终可能会引发生态灾难，使林业、农业两败俱伤。在从事林粮兼作型农业时，各少数民族不是"重采轻造"，更不是"只砍不造"，而是采造结合，甚至造多于采，从而使人工林资源越来越多。建筑、家具、农具及部分薪柴，所需木料大多来自人工林，初步实现了从利用自然林向培育、经营人工林的转变，从而使水源林、风景林、神林、坟山林及原始森林得到一定程度的保护和利用。

其次，在从事林粮兼作农业的少数民族中，植林造林具有保护自然、保持生态平衡的作用，包含着神灵信仰、风俗文化等传承性特点，意味着更有助于保护贵州山地良好的生态环境。从共时性的角度看，它是同一范围内同一民族全族而为之的集体行为；从历史性的角度看，这种生存方式又具有传承性的特点，即晚辈从长辈那里承袭了这种生存方式，并恪守不渝，使这种生存方式代代相传、从未间断过。

林粮兼作型农业是一种以林作文明为主、农耕文明为辅的文明形态，它与刀耕火种文明迥然相异。在刀耕火种生产方式下，森林的经济价值只能通过土地间接地体现，而在林食兼作型农业，森林直接服务于民众，民众世世代代从保护森林、发展林业中得到实惠，久而久之，人们逐步形成了吃山养山、植树护林的传统，积累了丰富的造林护林经验。

四、梯田稻作农业中的生态智慧

梯田稻作民族深刻洞悉森林—水源—梯田稻作之间的生态链关系，创造出一套保护森林、涵养水源的方法，兹以苗族加榜梯田为例简要述之。

　　苗族的稻田都是在靠近山的地方开发的，山坡海拔的高低、坡度的平缓以及山坡的大小这些众多因素都会影响梯田的大小与形态。加榜地区拥有独具特色的地型地貌，正是这一地理特点决定了此处梯田的特点。在这里的梯田面积最大的不会超过一亩，大多数田都是碎田块，最小的仅有簸箕那么大，往往一坡就有成百上千亩。在梯田建造的过程中，不是盲目地和肆意地开山造田，而是遵循了一定的生态规律，水源被聪明的少数民族人民引流，他们挖山沟、建水渠，连接各个村寨，再引入各家田地，层层流淌，最有效和便捷地利用了水资源。流入块块梯田的水，川流不止，慢慢又汇集到各个湖泊，甚至江河湖海，又蒸发腾空化为云雾，又形成降水，滋润着森林、梯田。这样的良性循环使得这个地方形成了优良的生态环境，梯田稻作文明因此得到很好的传承。

　　管理水源和兴修水沟都是全族性的大事件，一般由集体完成。每年冬季，各村社员都会全体出动，疏通沟渠。通过搭架木制或竹制的渡槽，引来潺潺泉水，灌溉层层梯田。人们还在沟水入田处挖一坑，用这种方法来沉淀渣子、砂石，有效预防水田被碎石堆积后沙化的情形，也保证了粮食的产量。另一方面还有效保护了灌溉渠道的畅通，使得整个梯田灌溉农业良性发展。某些民族地区有一种"欧头头"（也叫刻木定水）的水规，一般是测定一股水源的径流量，也就是能灌溉收益梯田的范围和面积、时长，然后田主们协商，规划好每一块田应分得的水分。再按水至上而下的流经顺序，所经过的田地，都要在水沟旁立一块木条，在木块上刻着水位高度，如果水量足够了，就会自然流入下一块田。这样的水规，代代相传，竟成了传统，人人自觉遵守，没有人会因为灌溉的问题发生争执，保证了水资源的合理分配。

　　随着人口的增长，轮歇周期缩短，刀耕火种所带来的地力衰竭、水土流失等问题便突显。刀耕火种民族面临抉择：或举族他徙寻求新的生存空间，或任凭事态恶化而最终导致文明崩溃，或对旧有的耕作模式进行改良甚至变革。部分少数民族也或先或后地完成这种转型①。

山顶的原始森林严禁辟为梯田，每一个村落附近的寨神林也严禁砍伐。此外，对其他林区地段是否可以垦殖为梯田，也做了明确的界定。比如说，用材林区和薪炭林区就严禁垦为梯田。一般选择较平坦的缓坡、山脚、山洼和河川沟道两侧垦殖为梯田。

五、"稻鱼鸭"农业系统中的生态智慧

侗族人很早就掌握了种植水稻的能力并且以此来满足自己的日常需求。"稻—鱼—鸭"共生系统起源于侗族一直以来种植水稻的方式，他们先用溪水来灌溉稻田，溪水中的小鱼也就随着水流到达稻田中并在此生长起来，这样一来，到了水稻成熟的季节侗族人就可以稻谷和鱼双丰收，而"稻—鱼—鸭"共生系统就是在这个版本上的升级。每年到了谷雨时节，人们就把秧苗插入稻田中，同时也会人为将自己培育的鱼苗投放于其中，让鱼苗和水稻先生长半个月，再放入雏鸭。在这种互利共赢的模式下，不仅稻田可以为鱼和鸭提供丰富充足的饵料，而且鱼和鸭也能够有效清除田间的杂草和害虫，它们的排泄物也为稻田提供了必不可少的肥料。如此一来，一块稻田中便能够同时收获稻、鱼、鸭，实现了经济产出最大化。

这种"稻—鱼—鸭"模式将田地的利用率扩大化，在同一生产过程中不仅生产了稻米，同时又孕育了鲜美的鱼和鸭，不仅为当地居民提供了十分丰富的农副产品也保证了他们能获得充足的营养来源。此外，糯稻具有吃肥少的特性，这也大大提高了食物的安全性，十分绿色健康，这对于相对贫困、医疗设施不太发达的当地居民来讲是十分具有意义的。

此外，侗族的村寨大多都安置在山麓河谷盆地底部附近。因此，在村寨旁配置稻田、鱼塘、河网和各种饮水保水设施是十分便捷可行的。该种设置不仅为居

---

① 杨效东. 刀耕火种旱稻种植系统土壤节肢动物群落结构及多样性动态 [A]. 中国科学技术协会、吉林省人民政府. 新世纪 新机遇 新挑战——知识创新和高新技术产业发展（下册）[C]. 中国科学技术协会、吉林省人民政府：中国科学技术协会学会学术部，2001：1.

民们提供了景色怡人、风景如画的居住环境，而且稻田中的稻草也可作为人们日常生活中必需的燃料来使用。目前，当地许多传统民俗活动已经离不开"稻—鱼—鸭"系统了，例如，如果举行祭祀活动的时候正值收获的季节，族民们就必须用新米、田鱼和鸭肉来祭祀祖先以佑庇护；此外，侗族族民为了彰显他们对客人的欢迎与重视，往往会用糯米饭、田鱼和鸭肉来招待客人。

第四节　贵州少数民族村寨建筑中的生态理念

贵州少数民族独特的生态文化体现在生产及生活的方方面面。因地形、气候、民族风俗习惯等差异，人们因地制宜造就了不同的居住建筑结构。比如黔西南的土制房、黔东南的木制房、贵州中南部的石头房等，这些风格各异的生活居所无一不在体现着绿色环保、亲近自然的居住生态理念。

一、自然生态与贵州民族居住建筑

一个民族其民居之所以形成自己独特的形态，生态文化学中的物质文化因素固然重要，但最直接最根本而且强度最大的影响，还是来自于自然生态因素的作用。例如，现贵州有一座用石头筑造的城堡——镇山村，一座于明朝万历年间建造的布依族古村落。这里作为明朝边塞军队的一支屯军，清代演变成以布依族居民为主的居住地。这里自然环境独特，三面临水一面朝山，盛产一种由水而成的岩石，能层层揭起，成为一块块厚薄均匀的石板，而这些天然而成的石板正是布依族建造民族房屋的原材料。1999年镇山村还因其独特的房屋建筑成为国际上独一无二的布依族生态博物馆。这些独具特色的民居建筑形式与布依族所处生态环境有着密切关系。

贵州气候类型属亚热带高原山地型气候，夏季炎热多雨，冬季阴冷潮湿，故少数民族聚落选址多依山傍水，寨前有河，寨后有山，利于冬季吸收充足的阳光，既可驱除潮湿，又可阻挡冬季寒冷。贵州省内地势险峻，地貌复杂，山峦密布，山高坡陡，山是少数民族世世代代生活的依靠。故少数民族聚落也顺应地势而建，建筑地基多为崎岖不平之地。从文化生态学的角度分析，贵州少数民族世代以最原始的耕种生产过着自给自足的生活。因此，在群山峻岭中平地尤为重要，故选址时村寨常常是依山而建，以便让出土地耕作。此外，贵州省河流资源比较丰富，加之雨水充足，贵州境内大多地区夏季洪水多发，故少数民族选址多在地势较高处，以避开水患，防止生命与财产安全遭到威胁。

贵州各少数民族受本地生态环境的影响，就地取材，创建了自己的家园。南方以木材为主材料，辅以砖石来建造生活居所。黔东南山地广布，土层厚，植树造林条件好，木材产量大。当地材料收集的有利优势促进了雷山干栏式建筑的推广和发展。苗族悬挂式脚楼采用纯木结构，其空间设计使房屋的结构牢固、通风光照条件好、节约了大片的耕地。

二、生态环境与贵州民族建筑空间的差异性

不同的地理环境导致了贵州少数民族在居住建筑文化空间（地域）上的差异，这种的差异性生态因素明显是重要的。其生态因素主要有如下几点：

（一）材料资源因素

黔西南和西北部地区喀斯特发育较好，土层较厚，加之气候不适宜树木生长，故建造的房子多以土为主材；黔东部地区气候和土壤环境适合树木生长，林木茂盛，故建筑选材大多以木为原材料；中南部石山居多，房屋建筑材料多以石头为主，形成一种特有的石文化。但事实上，其建筑形式因这些地区石板建材资源丰富而直接形成，它属于贵州的一种风土建筑。所有居住在这片区域的族群，包括汉族、苗族等，都采用这种材料，这是建筑文化与生态文化相结合的有力证据。

（二）地形地貌因素

贵州地形地貌复杂，所以在吊脚楼形式的选择上也分为落地式和不落地式两

种。在地势起伏较大或靠近河流的地方，由于平整、开挖地基极为不便，所以选择不落地式，中柱不直接建立在平坦的地面；在地势较为平缓的地区，苗族多采用中柱连续建立在平坦的地面落地的方式建造居所。中南部地区地形多以丘陵和山地为主，所以在建筑房屋时，建筑基座的处理也很重要，多是人工堆积的平地作为建筑基座。穿斗式干栏木楼是侗族建筑的主要形式，楼下存放牲畜、柴草等杂物，楼上住人。根据地形地貌因素又有所不同，南部方言区的侗民生活居住在二层以上，北部方言区的侗民则多生活在下面。

三、建筑生态文化观——以侗族建筑为例

侗族建筑形象鲜明，书写了这个民族的历史文化。这里所讨论的侗族古建筑是指一个世纪前所建的民间建筑，包括风雨桥、鼓塔、萨堂、民居、舞台、悬挂、谷仓、亭子、闸门等。通过对侗族建筑平面布局、立面布置、空间序列、建筑改造、村落建设等的观察分析，侗族建筑在一定程度上反映了侗族人的审美情趣和艺术追求，以及与环境有机结合的"人与自然和谐"的朴素、自然和景观特征，成为"人与自然和谐"的生态样本。

（一）建筑布局、设计与生态环境

侗族聚落建筑的整体形态和布局都是围绕着鼓楼进行的，呈现出辐射状。就侗族村寨的总体布局而言，为了协调以姓氏为核心的内部社会组织结构的要求，侗族村落往往在平面和空间的形式和层次上强调以鼓楼为中心的布局模式。侗族村落平面由多种功能要素组成，建筑总体布局为同心圆。侗族村通常设有一扇大大的寨门，溪流绕村或流过寨子，小溪顶部有风雨桥，是寨子内部与外界之间不可缺少的纽带。在寨子的中心，在鼓塔、舞台、鼓楼的位置上同萨堂一起构成了一个核心圆圈。围绕这一核心圈的是干栏式木建筑，沿地形向四周布局，但其整体形态表现出强烈的同心圆意识，外圈分布着鱼塘、禾仓、禾晾、风雨桥。寨里的道路系统适应当地地形条件，主干道根据垂直等高线分布，路径呈脉状，地形弯曲、延伸，山道之间以棋盘状的形式排列。它们的功能是不同的，特点鲜明的

建筑便是在以鼓楼为标志的核心圈的整体布局下，与自然环境巧妙融合，共同构成侗族村寨完整、和谐的平面布局。

（二）村寨建立与自然的和谐

贵州省从江县西北部的增冲村就是侗寨选址的典型范例，增冲村已经建成了600多年。村子里水流密布，四周青山围绕，自然环境非常美丽。增冲村的北部、西部和南部有河流，东部有水道，全年的水流是稳定的。村四周由水环绕，水流上分别设置有风雨桥。气势宏伟的鼓楼，矗立于村寨中央，富有历史气息的四合院、被无数人走过的青石古道、历史悠久的古树与星星点点的禾晾、禾仓共同构成了一幅和谐、完整的画卷。

侗族先民注重住居与自然的整体协调以及建筑的实用性，因此他们在建造房屋时，常沿着山势、河流进行修筑。同时尽量避开生态脆弱的地方，边护理环境边修筑房屋，这折射了侗族人民的高度环保意识以及长期实践总结得出的自然观念。

（三）诗意地栖居

从侗族的村寨建造中，我们能够探索其栖居的诗意境界，既可以感悟，又可以欣赏，同时又有强烈的现实意义。侗族人用自己的聪慧，利用高山的壮美，将人文景观设置在最佳的审美空间中，使自然之美与人文景观之美进行巧妙融合，造就了宏大壮阔的建筑艺术。这种"花园式的生活环境"不是凭空而来的，它是侗族人民世世代代精心建设的产物。此外，当地居民还喜爱种树，并且在树上打上"草标"以表示该树需要受到保护，希望人们自觉遵守。此外，还有乡规民约来增强对树群的保护力度。天长日久，这些树木变成高大苍劲、枝干挺拔的古老树木，俨然一排排护卫村寨的武士，成为侗寨一道美丽的风景线。新中国成立后，"风水树"改称"风景树""护寨树"。此外，几乎家家房前屋后都栽有橘、柚、桃、李等果林，庭院生态也由此而生。

| 第三章 |

精神层面的贵州少数民族生态文化

贵州少数民族族民在对自然万物形成"自我"认知的同时，也会将诸多行为融入到其精神生活之中，并通过其他各种方面体现出人与自然和谐共处的互动过程，从而也反映了其中所蕴含的独具特色的生态文化与崇尚自然的精神。

第一节　注重人类对生态环境的意识崇拜

人类与生态环境之间的意识崇拜也是贵州少数民族丰富独特的生态文化中的重要一环。贵州少数民族族民们将自己的美好愿景寄托在对各种事物的崇拜上，他们赋予事物特殊的含义以表达自己的某种精神追求，也正是在这种独特的意识崇拜之下，谱就了少数民族积极乐观的处事心态与向往和谐宁静的生活态度。

一、体现自然生命体与人平等观念的动植物崇拜

贵州很多世居民族都有祭祀神树的习俗。贵州盛产竹子，先民们认为他们与竹有浓厚的亲缘关系，因此对竹心生崇拜和敬畏，奉竹为神明，于山间修葺的房屋也都是竹篱茅舍。

贵州省岜沙苗寨的苗族人认为茫茫森林保护了自己的祖先，于是对古树特别

崇拜，特别是生长多年的老树、枝叶茂盛的大树等。他们认为祖先神、树神栖息在这些树上，于是他们把香樟树当神树祭拜。岜沙苗族人还认为人起于自然终于自然；人老了去世，若能用香樟树木来做棺木，那人就与香樟木一起回到了祖先之地。

二、反映人们顺从生存环境的森林崇拜

寨神林在贵州诸多少数民族中都有迹可循，扮演着一种神圣角色，世世代代受着寨民们的膜拜。如彝族的祭龙，族民们将生长茂盛的千年大树认作是龙或本民族某英雄人物的化身。有的地方的苗族也有祭龙的习俗，他们将村边的一片树林视为龙山，并选择其中一棵大树作为龙的化身，每年二月加以祭祀。

贵州省从江县岜沙村民世世代代都生长在绿水青山的环抱中，是一个充满了原始风貌的自然村落。这个村落的苗族人对村寨周围的树木十分崇拜，不少树枝上都绑了各色的布条，显示着苗族人对树木和先祖们的崇敬。

三、与自然共融的图腾崇拜

贵州少数民族信仰的图腾多种多样，有特定形象，也有变形夸张的图案。如苗族身处山区，所以一般崇拜参天大树以及自然之力铸造的天然洞穴等；布依族崇拜水、火、竹、鱼等；水族是农耕民族，崇拜石岩、古树、古井等；彝族崇尚自由，崇拜山川、马、雕等。

从另一个角度来说，贵州各族人民各种各样的图腾崇拜也证明了贵州山区环境的复杂性，如贵州苗族大多居住在路途崎岖又荒无人烟的山区，并多数以山腰或山顶为居。这些图腾被严肃神圣配置于圣山上、神林中，人们上山祭拜神灵的同时也更为注重对山林的保护，这种情况在贵州少数民族中，具有广泛的普遍性。

第二节　贵州少数民族神话中的生态理念

贵州省是拥有众多世居少数民族的省份之一，民族的多样性使贵州传统生态文化多姿多彩，其中，贵州少数民族神话中的生态精神也是构成其多样文化的重要组成部分。不同的少数民族流传着不同的神话故事，但各个故事中的情节也不尽相同，这些故事都蕴含着同一个生态理念——即人与自然是互利共生的。

一、创世神话中人与自然本质统一的生态哲学认知

中国的少数民族认为，人与自然息息相关。人与自然既互相给予，又是本属，互相成就。大自然是人类之母，人们依靠大自然给予的资源生存生活，自然界中的其他生物则是人类的亲朋。透过少数民族的创世神话说，我们即可隐约感受到这些观念久远的存在。

彝族的创世神话认为："人是天地所生"，意味着彝族祖先早在原始时期已经领悟人源于自然。苗族的创世史诗形象生动地描绘了雾—泥—天地—万物的世界演化史，史诗中描述天地本是一片混沌，认为天地分离的真正原因不是用斧子劈开再用头支撑着天脚踏着地的民间神话，而是"气"的功劳，它不仅分离了天和地，让世界的样子展现出来，还创造了人类继续存活下去的条件，且史诗还以从单一到综合的方式探究天地万物由谁创造，人与自然谁更早存在于宇宙中等复杂问题，反映了原始时期苗族先民对于人与自然生态关系的简单理解。

二、人类起源神话中人与自然物血亲同源的生态认识

少数民族先民在人与自然的关系上已直觉般地孕育了这样的意识：大自然创造了人，而不是人创造了大自然，人与自然界中的其他成员都是大自然的产物。得出这样的结论，并非牵强附会或主观臆断，而是基于这些神话传说所反映的人

75

类的诞生过程与当今人类学家所证实的人类进化过程相符。

"罗马俱乐部"的创办人奥雷利奥·佩切伊博士，把地球进化历史的进程浓缩为一个星期，从自然进化史出发进行解说。假设地球在周一的第一分钟出现，生命出现在周四的拂晓，哺乳动物出现在周六的下午，周六夜晚23点45分的时候人类才出现，在最后一分钟内（1万年前）人类才进入文明时代。比起地球和自然的存在，人类及人类文明的发展才刚刚开始。森林在从类人猿到人的转变过程中起到十分重要的作用，这些"成群结队在树上生活"的类人猿将森林当作强身健体的竞技场。而少数民族的创世神话中，均是先有天地、高山、河川、平坝及花草树木、飞禽走兽后才有人。因此，人与自然和谐相处的观念一直留存到现在。

三、洪水再生神话中人与自然和谐共生的生态认识

贵州少数民族有一种主要的生态观念是人与自然的和谐的共生共存关系。他们认为二者同根同源，而这正好符合与贵州少数民族洪水再生神话里所提到的绿色生态意识。各个民族的再生传说虽然故事情节各不相同，但都有着相同的的生态理念——人与自然是相互依存的。

各少数民族的洪水再生神话大同小异，这些神话说明了人类可以合理地改造自然，但若是对其过度开垦，肆意毁坏，则定会受到自然的无情惩罚的真理。同时也表明了人与自然和谐共生的生态理念从古至今都备受重视。

第三节　少数民族节日中的生态理念

贵州省少数民族的传统节日有各种各样的形式，内容也比较繁多，是中华民族传统文化的重要组成部分。贵州现有17个世居少数民族，少数民族大都保留了各自具有鲜明民族特色和深厚文化底蕴的民间传统节日，也正是这些风格鲜

明、各不相同的民俗传统节日共同构成了贵州丰富多彩的民族文化。

一、贵州少数民族节日的分类

贵州少数民族传统节日众多，按照民俗学研究中最常见的节日主题来划分，可以被分为农事节日、祭祀节日、纪念节日、庆贺节日、社交类节日五大类。

（一）农事性节日

农事性节日主要以农业生产的习惯为主要内容，其目的是为了督促人们抓紧时间开展农业劳动，这也恰恰反映了少数民族族民关注农业生产、期待农业丰收的勤劳特点。农事性节日的生态文化是十分突出的，并且也是贵州少数民族传统节日的重要组成部分。"吃新节"是贵州少数民族地区传承至今的特色传统节日，也是苗、侗、布依、仡佬等族庆祝大丰收的一个重要节日，这个节日一般在农作物成熟的时期举办。按照传统民族习俗，族民们会将已经出嫁的姑娘接回家一起吃顿团圆饭，并且还要杀鸡用来祭祖求得家庭圆满。不仅如此，在吃过美味佳肴以后，团聚的一家人还要身穿少数民族服饰一起欢声笑语、载歌载舞，共同庆祝这美好佳节。仡佬族的吃新节一般在农历七月或八月，节日当天族中的长老会在族民的田地中采摘少许稻谷、瓜果蔬菜等食物，并且还要杀牛宰鸡来祭祀先祖，感谢祖先庇佑①。

贵州各民族的传统农事节日是农耕文明的伴生物，承载了农业社会应时而作的生活节奏，这种传统从节日的庆祝时间来看是与农业生产和生活紧密相关的。比如为了适应春种、夏锄、秋收、冬藏的生产性节律，于是就有了春祈、夏伏、秋报、冬腊的季节性生活规律。当万物复苏的春天到来，人们需要祭天敬地来祈祷来年风调雨顺；当天气炎热的夏天到来，人们容易感染疾病，因此端午节的习俗便是为了祛邪避瘟、除恶驱毒；秋日丰收，人们敬告祖先丰收的喜悦，欢聚畅

---

① 徐万邦主编；宋全，刘军副主编 . 中国少数民族节日与风情修订版［M］. 北京：中央民族大学出版社 .2000.

饮；冬季来临，农事告竣，粮仓充足，人们杀猪宰羊、蒸米磨面迎接新年的到来。一季又一季，一年又一年，循环往复，在跟随时间与自然的节奏中代代传承着独特的民族文化。

（二）祭祀性节日

祭祀性节日主要是指那些祭祀天地、神灵、祖先的节日。贵州少数民族有信奉神灵的习惯，比较注重祖先崇拜、自然崇拜和图腾崇拜等祭祀性节日，而且这类祭祀性节日数量约占民族节日总数的三分之一。贵州许多少数民族的族民都相信他们祖先的灵魂可以庇佑自己的子孙后代，也能保佑家族人丁兴旺。因此，后裔会举办祭祀仪式以求得祖先庇佑。此外，中华民族的文化核心就是儒家的纲常伦理，这一内容要求人们需要极具礼法要求和家庭观念，因此中国人非常重视祭祖敬宗的活动，少数民族也纷纷在传统节日中祭祀他们的祖先，这一点在苗族、侗族的"吃鼓藏"最为典型。

苗族的传统节日"鼓藏节"，也被称为"吃鼓藏"，是黔东南苗族最隆重的祭祖仪式。据《苗族古歌》记载，鼓藏节是为了祭祀创世的蝴蝶妈妈。传说蝴蝶妈妈是从枫树中生长出来的，因此，苗族崇拜枫树。为了纪念蝴蝶妈妈，苗族族民把枫树做成木鼓，祭祖也就成了祭鼓。鼓藏节就是祭祀神枫树和蝴蝶妈妈，具有鲜明的民族传统文化内涵①。"萨玛节"则是侗族的传统祭祀节日。萨玛在侗语中的意思是"大祖母"，传说在母系社会，侗族有一位骁勇善战的女首领，十分勇敢豪迈，并倾其所有爱护自己的族群与民众。她在抗击外敌侵略的战斗中屡战屡胜，但却在一次战争中不幸牺牲。侗族族民众对这位女首领十分尊重与崇拜，都亲切地称呼她为"萨玛"，为了表达对她的感谢与尊敬之情，就将她视为是能给族民带来平安吉祥的神灵。侗族村寨每年农历正月至二月，或秋后会挑选一个良辰吉日祭祀萨玛，届时侗族族民会身着盛装到萨玛祠给萨玛敬香敬茶，并在老人的带领下绕寨串寨，然后在多耶坪（唱歌跳舞的地方）手牵手围成圆圈，

---

① 梁文清主编；李永波，李学琴副主编．贵州少数民族民俗文化研究［M］．武汉华中科技大学出版社，2018.

唱多耶歌赞颂萨玛,以祈求村寨平安、风调雨顺①。

(三) 纪念性节日

纪念性节日是贵州少数民族传统节日中规模最盛大、内容最丰富的节日类型,目的是为了纪念少数民族发生的历史性事件、英雄,并且一般都设有准确的日期和固定的节日形式。比如传说起源于明朝的节日"四月八"是贵阳市郊苗族比较重要的节日之一,每年的农历四月初八日,龙里、惠水县及贵阳市的苗族同胞就会身着华美的民族服饰,在贵阳市喷水池一带进行集会。待人到齐后,大家就会围着喷水池载歌载舞以此来悼念传说中的英雄亚努。在 20 世纪 50 年代之后,这个节日便成为了各族人民友好团结的聚会,并在黔东南地区尤其盛行。

而"六月六"则是布依族的传统民俗节日,这个节日又被人们称为"敬盘古"、"过小年"。布依族人会在每年农历六月初六、十六、二十六几个日子中选择任意一天来庆祝这个节日。在节日期间,妇女们会将粽子放在背篓里走街串寨、探访亲朋好友;青年男女则会身着华美、精致的传统服饰,成群结队地来到广场进行精彩的各种表演,或者玩对山歌和抛花包的游戏,十分有趣。

(四) 庆贺性节日

古时候,贵州地区的少数民族农业生产模式基本是靠山吃山、靠水吃水,农产活动收入并不稳定。因此,他们往往会通过庆贺丰收或祭祀来祈求来年五谷丰登,例如苗族就设有"赶社节"来庆祝当地农业大丰收。在"赶社节"期间,苗族人民身着当地少数民族传统服饰,吹芦笙、看斗牛与赛马表演以及惊险刺激的高台舞狮和苗刀、苗棍的演出,好不热闹。而后逐渐形成了众多的以庆贺五谷丰登、六畜兴旺、阖家幸福、吉祥为主题的节日②。如苗族、侗族等少数民族也都有以庆贺丰收、辞旧迎新为主题的年节。

---

① 杨昌儒,陈玉平编.贵州世居民族节日民俗研究 [M].北京:民族出版社.2009.

② 丹增编著.中国少数民族节日 [M].北京:中国画报出版社.2004.

而黔南地区的苗族、侗族最普遍且隆重的传统节日则是芦笙节。这个节日的主要内容则是踩芦笙堂、赛芦笙。在比赛开始之前，族民们会先请寨子里最受人爱戴与尊敬的老人主持祭祖仪式。同时，各家各户的族民们也会在自己家进行祭祖活动。待祭祖仪式完成后，各村各寨的年轻姑娘们则身着节日盛装，精心打扮一番，年轻小伙子也会身着传统服饰和芦笙手们一同带着芦笙，然后大家一起到芦笙坪聚集。在芦笙坪，来自四面八方的族民们会在这里围成几个圆圈，然后纵情欢歌。这样的活动有时甚至会持续四五天，气氛非常热烈。

此外，侗年是侗族地区传统节日，榕江县一带的侗寨于农历 10 月底至 11 月初过侗年，锦屏一带则晚一个月。年前家家户户打扫卫生，杀猪宰羊。过节时，男女老少身着盛装，跳芦笙、踩歌堂，欢快热烈①。

（五）社交生活类节日

社交生活类节日的内容主要是通过歌舞、娱乐活动进行社会互动。这类节日在贵州少数民族传统节日中的占比相对较大，活动的内容与形式也丰富多样，是各种节日里最具有观赏性和参与性的节日类型之一。

其中，"斗牛节"是侗族人民最为喜爱的娱乐活动之一。这个节日主要盛行于贵州的黎平、榕江、从江、锦屏县等地，在这些地方几乎每一个村寨里都有专人饲养用来参赛的霸气"牛王"。因为，鼓楼既干净又通风，所以人们通常把"牛王"的牛圈也建在鼓楼的周围并称其为"牛宫"。被选为"牛王"的牛不仅不用下田耕地，而且还有专职人员送给它专门的饲料和水对其进行精心喂养，牛王被养得十分强壮，犄角也是结实锋利。除此之外，每头牛王还都有一个来彰显其霸气与威风的名字，比如"春雷王""猛虎王"等。每一年的农历二月、八月的亥日是侗族的斗牛节，每每到这个时候，人们都吹着笛子到其他村寨去"送约"，邀请对手和自己寨子的牛王进行对决。在对方接受挑战邀请后，他们又会来到"牛宫"前对着牛王吹奏芦笙为其"养心"。斗牛场地多选在四面环山，可

---

① 贵州省文管会办公室等编 . 贵州节日文化 ［M］. 北京：中央民族学院出版社 . 1988.

容纳万人以上的山谷或坪坝中，也有的在专门的"打牛塘"（水塘）中进行。到了节日这天，斗牛场周围人山人海锣鼓喧天，热闹非凡。这一活动的最终目的不是为输赢，而是希望借用娱乐的方式来祈求生活幸福美满、人畜兴旺①。

表1-1　贵州主要少数民族的主要传统节日

	农事性节日	祭祀性节日	纪念性节日	庆贺性节日	社交生活类节日
苗族	干虫年节、种棉节、赶秋节、讨树秧节、闹鱼节	吃鼓藏、二月二敬桥节、踩鼓节、吃鸭节	四月八节、独木龙舟节	赶社节、芦笙节	二月三、花山节、姊妹节、歌圩节、射花节、摔跤节
布依族	七月辰日龙山节、蚂螂节、雅蝈节、猴节	三月三社节、六月六社节、扫田坝节	查白歌节、六月六节、打火箭节	过年、更健节（小年）、端午节	三月三歌节、斗牛节、歌圩节、董郎桥节
侗族	采桑节、种棉节、洗牛节	吃新节、二月二敬桥节、老祖公节、新米节	王林节、姑娘节、黑饭节	侗年、芦笙节、春节	斗牛节、三月三讨葱节、采桑节、花炮节、高坝歌节
彝族	采茶节、洗泥节、丰收节	大火把节	二月八	补年节、小年、大年	赛马节、火把节
水族	霞节、艾节、善节	吃新节、四月八牛寿节、苏喜宁节	卯节	端节、额节	洗澡节
仡佬族	吃新节、六月六节、牛王节	吃新节、祭山节、拜树节、敬雀节	毛龙节	仡佬族年节、过小年、	灯杆节、四月八节
壮族	秧苗节、牛神节	六月六社节、清明节	三月三节	壮年、陀螺节	六月六歌节、歌圩节
瑶族	围鱼节、老鼠节	绕家节	半年节	过小年、盘王节	达努节

① 贵州省文物局，黄平县人民政府，贵州省文物博物馆学会编．贵州民族传统节日文化保护与发展［M］．贵阳：贵州科技出版社．2015.

二、经济从业和环境条件差异的影响

贵州的少数民族人们大多以种植业为主要的谋生手段，因此贵州民族节日在时间序列上有很强的季节性，与农业生产紧密结合。人们日常的生产方式和生活观念各有千秋，哪怕是同一民族，因其所处的地区不同，他们的节日活动也极具当地色彩。例如水族的清明节（挂青、挂社）、端午节（借王）、铜鼓节、黄饭节、花椒节、二月二祭白龙、三月祭龙节等，虽然在不同地方都有所表现，但其过节的方式也具备"分时段、分批次"的特点。在时令上来讲，一是人在种植后寻求放松愉悦的气氛，祈祷一切都顺利，年年都有丰收的好气氛，二是庆祝丰收并有目的地预测来年收获情况，这是由于居住环境和自然条件不同导致的结果。

从地形来看，贵州省高山纵横、河流交错，少数民族的分布呈现大杂居、小聚居的态势，这种居住方式也使得当地的少数民族节日极具地方性特点。比如贵州东部清水江两岸苗族的"龙船节"，黔东南中部凯里、雷山一带的"爬山节"等节日都与当地的居住环境特点有着密切的关联。其次，条件有限的居住环境并没有限制贵州少数民族节日活动的内容和形式，充满智慧的族民发挥他们的聪明才智，为节日形式增添色彩，使少数民族节日内容十分丰富有趣。例如，少数民族一般生活在山区，很少有平原，斗牛活动就选择在梯田进行，成为一个天然的看台。贵州中部清水江两岸苗族的"三月三"会举行杀鱼节活动，这个节日明显是一种典型的常见生活场景式再现，使得这一带苗族节日活动独具地方色彩①。

三、人与自然和社会的关系在民族节日审美中的映射

生态美学从不同的角度反映人与自然、人与社会之间的关系，而这种关系对于民族节日的审美来说就是人的民族节日、美的民族节日、自然的民族节日三个层次的审美。

---

① 杨林著. 贵州省少数民族节日体育研究 [M]. 长春：吉林大学出版社. 2013.

在第一个层面，人与自然之间的审美关系是神化的自然美学。人的民族节日的审美内涵在祭祀性节日中主要体现为三个方面：一是始终体现着一种对现实的反思意识；二是反映以人为本的思想，强调人作为万物之灵的本体地位；三是强调个人自由和尊严的重要性，崇尚个性发展的合理化。伴随生产力的发展，人们逐渐认识世界、改造世界，此时人与自然处于相对平衡的状态，但是人类对自然的威力和神秘仍尚存敬畏。在这样的情况下，人类开始进入审美心理的第二个层次，追求美的民族节日。从节日的初始角度来看，无论是锻炼还是快乐都是在满足人从物质、生理到逐渐发展追求的精神欲望。这反映在斗牛、赛马、芦笙、歌曲、秋千的比赛中，使得功利性渐渐退去，成了一个简单的娱乐活动。在第三个层面，人类将视线放眼到广阔的自然世界，开始把大自然作为欣赏的对象，也就是自然的民族节日。从远古时代到现在，从"祭祀节"到"纪念节"，再到"农事节""庆贺节"等节庆活动，千百年来没有中断，这是因为人类数千年与自然的"交锋"中，祖先成为可靠的精神家园。因此，祭祀节日也是人类心灵的慰藉和归宿的映射。

| 第四章 |

制度层面的贵州少数民族生态文化

贵州少数民族环境习惯法历史悠久、种类多样，将其原本的行为规范上升为法律规范，使其拥有一定的法律效益。习惯法，顾名思义指通过原始自然习惯的沿袭和信仰行为的观念以及习俗禁忌还有议榔规约（亦称榔规、榔约、议榔词）所约定俗成的，其目的在于以保护环境为主要导向，它具有一定的规范性和约束力。与国家环境定制法相比，习惯法与国家环境保护习惯法法律没有终极矛盾。反而，环境习惯法以其更具象的形式做到点对点、面对面的保障，在当地生产和生活过程中对环境保护方面起到不容小觑的作用，它在国家环境制定法的宽泛以及抽象的总和特征下填补其空白的作用。黔东南地区依附其特有的地理位置和文化环境，使苗族、侗族人民创造了多姿多彩的文化遗产，既保存也传承了其特有的民族文化。

第一节　民间规约中的生态理念

贵州少数民族的生态理念涵盖了各式各样的民间规约及习惯法，族民们为了更好地进行村落管理工作设置了许多具有民族特色的制度，比如侗族的款首制、苗族的"议榔"制、瑶老制度等。此外，贵州少数民族在野生动物保护方面与森林火灾防范方面也建立了相关规定，充分彰显了其独特的生态管理理念。

一、贵州少数民族生态管理组织形式

侗族的款首由民主协商选举产生，他们一般是最具威望的村里人。款首和人民都是平等的，他们不能随意决定自己的意见主张，如果他们想要处理问题就必须得到人民的同意，否则他们将随时被更换。款首不脱离劳动，处理款里的事也不计回报。此外，侗款内还有款丁，也被称为"脚脚"。侗款的内容是非常广泛的，包含社会生活的众多方面。

苗族的"议榔"制的意思是"大家一起来商榷的规约"。时至今日，还有一些地方的苗家人仍保持"议榔"制，苗家人的议榔涉及多方面的内容，包括社会道德、法律和秩序、对外交往、精神文化和社会生活生产的其他方面。榔约规定了农耕、封山的具体时期、盗窃的惩罚措施、财产的继承等。由唐春劳先生翻译记录的议榔词是贵州省东南部的雷山县苗族的重要的文化财富，这部议榔词共计超过 1100 余行。

瑶老制度是一种常见于瑶区的普遍社会制度，具有政治系统的功能，诞生于原始农村公社时期。瑶老属于村里的领导者，由民主选举产生。一般由村寨中最有经验的和威望最高的人担任，其获得村民给予的最高信任。瑶老也要从事生产劳动，并没有任何特权，他的主要任务是监督日常的生产活动和仲裁纠纷，负责宗教仪式和其他公务，并且组织族民共同抵御来自外部的入侵。

石牌制被称为"石牌法"，在新中国成立前夕一直存在于贵州荔波等地的瑶族山区，将大家共同商议议定的维护生产生活秩序的原则刻在石牌上，这种类型的"石牌法"也写在纸上或木材上，分为总石碑、大石碑和小石碑。石牌制具有很强的民族特色和原始民主色彩。石牌头人通常是由村寨里威信较高、办事较公正、能言会道的人来担任，在村民们的日常生活中的方方面面起到了至关重要的作用。当村民之间遇到无法自主调节的争议时，争执两方可以向小石牌头人讲述情况，谁赢得了更多的更充分的理由谁胜诉。如果争议未被解决，继续寻找大石牌。然而，石牌头人不能强迫做出最终决定，只起一个中介作用。

二、从榔约到村规：贵州少数民族生态治理的实践

因少数民族的生产生活对自然高度依赖，因此形成了一套严格的以寨老为主体的生态保护办法。寨老是"智者"的意思。每个村寨不止有一个寨老，若干个村寨的不同区域存在着若干个寨老，并且他们也有级别高低之分。单个自然寨的寨老称为"榔头""勾往"，主要管辖范围仅限于负责管理本村寨的事务；管理成片区域的寨老称为"勾珈"，他负责管理的范围扩大到片区内的各村寨之间的正常秩序。寨老并非官方和世袭认定，村寨中某人德高望重、能言会道，村民则会自发邀请他处理相关事宜，久而久之，他便成了寨老。如果寨老没有犯原则性错误，便可以一直承担，当村民不再有求于他时，他的地位便自然而然地丧失了。

寨老的首要任务是负责规约的制定和执行。寨老在大体了解全村寨的事宜前后经过和故事原委，需要广泛听取大伙的意见，再决定是否制定或修改规约。之后再举行议榔会议，以埋岩或讲理的方式，向大家公开宣布所订的规约，村民们需要严格遵守该规约以维护村寨和平稳定。假若涉及到其他村寨相关问题，如若解决不了，应该上报"勾珈"，再由"勾珈"考虑是否召开议榔会议。其次，在村民生产生活中，寨老和现在的村长一样，负责村民的民事纠纷相关的和解。每逢节日之际，各个村寨的寨老要聚在一起商议过节的诸多细节。

三、村庄的生态榔约

生态榔约，就是经过严格的议榔程序而订立的榔规，该榔规包括古歌、古理、禁忌、习俗等民约。就本质内核而言，生态榔约是具有调节纠纷的规范性标准操作流程。在一定作用上控制了人们的没有规范没有标准的日常村寨生活，进而也会在生态环境保护上，修正自己的行为规范和自然建立天人合一的生态关系。

在生态环境的和谐上，生态榔约有奖励和惩罚两种不同功能。因此，可以把生态榔约定义为教化型和惩戒型。教化型生态榔约典型代表为苗族古歌和古理，

其会通过正面积极回应宣传鼓励村民保护生态环境，在思想观念的形成方面对族民进行引导，最终达到行为上的统一，进而合理保护生态环境。惩戒型生态榔约明确规定了禁止性行为，在态度上坚决限制或反对破坏自然的行为以达到保护自然的目的，其典型代表为生态榔规和自然禁忌。榔规经由议榔程序产生，涉及对象包括山林、水源、土地、动物等方面。其最鲜明的特点是通过"罚榔"明确族民禁止破坏生态环境，并规定了惩罚的等级和措施，包括财产处罚、名誉惩罚、身体惩罚①。

四、野生动物保护规约与森林火灾防范

动物是人类从古至今的重要食物来源，为了保护渔猎资源，一些民族也制定了保护动物资源的条例。水族规定了任何人在河段和鱼塘一经发现有使用药毒鱼者就要依据这个河段或鱼塘中鱼的上一年的收获产量予以赔偿。还有黔东南锦屏县侗族有不打鸟和不破坏鸟类巢穴的习惯法。此外，贵州少数民族的神山、寨神林不仅是封山育林区，而且还是禁止狩猎区，谁捕杀山林中的野生动物，谁就要受到严厉惩罚。

此外，一些少数民族还建立了具有鲜明特色、因地制宜的护林执法体制，并逐渐促进森林安全预防管理的规范化和法制化。在贵州西南山区的苗族、侗族等少数民族的村寨中，其村民日常生产生活所遵循的法则往往都是祖辈遗留下来的思想，如"坐山、吃山、用山"。在经验的梳理上围绕山林合理种植农业生产总结出一套完整而成熟的人员管理组织、山地村寨道德宗族制度与自然生态的信仰知识，构成了"知识—实践—信念"的综合体。

就比如习惯法中对于集体山林的规定，其中对风景林和生态公益林的规定是最严格的，对销毁集体林的处罚是最重的。例如，乌东村所制定的法规中就有明确规定，乌东寨毗邻的风景区山地全部享有法律保护，禁止在风景区内乱砍乱

---

① 邢一新. 从榔约到村规：苗族村寨生态治理的实践 [J]. 云南社会科学，2019（02）：120-126.

伐，甚至建房、葬坟、取石等行为活动。

第二节　婚葬礼制制度中的生态理念

生活中的礼仪由三个部分组成：诞生仪式，婚姻和生育习俗以及丧葬习俗。历史上，少数民族的生活礼仪，其中包含许多有趣和令人深思的生态和文化理念。

一、婚育制度中的生态观念

（一）恋爱习俗

侗族一直以来就提倡恋爱自由，但他们表达爱意的方式却独树一帜。每逢节日或农闲之余，青年男女喜爱对歌，他们善用歌声来寻求爱情或向心上人表达爱慕之情。"行歌坐月""玩山"等方式都是流行于侗族聚居区的恋爱社交习俗。贵州天柱县都岭、石洞一带侗族婚恋习俗通常都是从玩山开始的，在求得对方同意后开始自由恋爱、深入交往、最后再到举办婚礼，整个过程都是以歌为媒，用歌声互诉感情。玩山时，俊男靓女往往三五成群至山坡上或大树下对唱情歌，以此来相互了解、建立感情。他们玩山时唱的"玩山歌"意为"高坡歌"，曲调十分悠扬婉转，并且演唱时，常用一种独特的装饰性颤音使歌曲更具风韵，而且歌词往往是赞颂爱情①。

此外，互换信物也是贵州少数民族青年表达爱意的方式，他们交换的物品大多是生活中常见且实用的物件。苗族、侗族部分地区的青年男女互相交换树苗，种下属于他们的"爱之树"，十分有仪式感与纪念意义。不仅如此，各族青年在

---

① 何琼著. 西部少数民族文化概论 [M]. 北京：民族出版社. 2009.

初恋时，姑娘还会送给对方一条由自己亲手绣制而成的腰带，以表达自己对对方的重视和对美好爱情生活的憧憬之情。

（二）婚姻习俗

婚姻作为人生的重要组成部分，是各民族最有代表性的文化特征之一。由于贵州民族社会经济发展的差异性和地理环境的特殊性，构成了贵州各民族独特的婚姻习俗文化。

坡脚寨是黔南州苗族中部方言地区具有典型代表的村寨之一，其至今仍保留着深厚的苗族文化底蕴。黔南州坡脚寨苗族的婚姻形态、婚姻程序以及婚后生活都体现了其独具特色的婚姻伦理观。恋爱中的伦理观体现在以下几个方面，分别是提倡婚嫁、崇尚自由、遵循规则、爱情奔放与彼此忠贞；嫁娶中的伦理观则表现在婚姻自主、尊崇礼仪、重情义轻彩礼、尊重女性与男女平等；婚姻生活中的伦理观又体现在忠诚对待彼此、传宗接代、孝敬双方父母与互谅互让。这些独特的婚姻伦理观的形成与坡脚寨的文化发展是密不可分的。山水相连的自然环境、相对贫困的经济环境和传统的文化观念，共同构成了坡脚寨苗族独有的婚姻伦理观。

（三）生育习俗

贵州黔东南州天柱、锦屏等地的侗族、苗族依然留存着当地民族特有的习俗：当一个新生儿来到这个世界，家里的人就会种植一棵树在山坡上，并且精心管理。直到 18 年后，孩子们长大了，杉树也随之长大。这时，女孩要结婚，家人会去山下砍伐杉树拿去换取钱财，当作女孩的嫁妆。男人要结婚时，同样要削减杉木，建成可供住宿的吊脚楼。侗族也称这种为"女儿杉"。

如同前文所述，湘、黔、桂交界的侗族、苗族等从明末清初形成林粮兼作型农业后，商品化林业日益兴盛。侗族、苗族种"十八杉""女儿杉""增岁树"的良风美俗，它的意义已经远远超过了父母与子女之间的家庭关系，并具有深远的生态意义。布依族的独子家庭，家里人需要在房屋前种植竹子，在竹子随着家里孩子一起成长的过程中是不允许被砍伐的，只有在孩子长大并且举行一定的典礼仪式后，再由孩子亲自砍伐。

二、丧葬礼俗中的生态理念

贵州西部的纳雍苗族由于居住环境恶劣、交通不便、信息闭塞，一直过着男耕女织的自然经济生活，近年来，随着贵州生态扶贫步伐的加快，纳雍苗族的经济逐步发展，先进的思想和文化逐渐传入。

"灵魂不死""祖先崇拜""图腾崇拜"等原始观念支配着纳雍苗族对死亡的认识和观念。纳雍苗族的一整套丧葬礼俗都是围绕着死者的灵魂与祖先、亲人的团聚。在老人临终时，亲生儿女必须为其送终，体现孝敬。死者入殓后，需到娘舅家报丧，报丧人带着一壶酒，并将代表死人亡魂的树枝插在路边。到娘舅家净身、端坐、跪拜、敬酒、告知死亡。打牛是纳雍苗族丧葬习俗的高潮，黔东南苗族认为牛与自己的日常生活息息相关，在历史上与其祖先同生共死。牛祭反映出牛作为早期的生产工具以及苗族的图腾崇拜，对苗族的重要性[1]。

贵州其他少数民族也在几千年的生产实践中，形成了独特的丧葬习俗。侗族一般是用棺材入殓，择期土葬。出殡前死者的直系亲属不能吃肉，但可以吃鱼虾。殉葬忌用铜器和桐油涂过的器皿。贵州从江县的贯洞、皮林一代还有停丧的习俗，即棺木停放在寨外直到寨中与死者同年和同辈的都死去后才一同安葬[2]。

① 韦建丽著.贵州民族风情荟萃［M］.贵阳贵州人民出版社.2012.
② 李朝龙，李廷兰编著.贵州少数民族风情录［M］.贵阳：贵州教育出版社.1995.

第二部分
贵州少数民族生态文化传播现状与困境

通过前文对贵州少数民族传统生态文化的回溯和解构，可以窥见贵州少数民族生态文化的深厚历史底蕴和丰富文化内涵，如此优秀的民族文化不能局限于贵州本土，更应通过多种渠道传向全国各地甚至世界，让人们感受贵州少数民族传统生态文化的魅力。在对贵州少数民族生态文化传播特征的基础上，深入挖掘贵州少数民族传统生态文化传播现存优势，分析传播现状，发现并改善其传播困境，有助于进一步开发和传播生态文化资源价值，扩大传播影响力。

第二部分
贵州少数民族生态文化传播
现状与困境

| 第一章 |

贵州少数民族生态文化传播的特征

改革开放 30 多年来，贵州少数民族地区扩大与内地沿海各省、市、自治区的联系和交往，积极通过各种形式加强与沿海地区的经济、文化的交流，尤其是在大众媒体和网络技术迅猛发展的今天，贵州无论是在文化上还是经济上都日益繁荣，昔日封闭的"后院"也逐渐变得开放起来，丰富多彩的少数民族文化开始"走出后院"，走向更大的舞台①。

第一节　生态文化传承——民族内部纵向的文化传播

美国著名社会学家查尔斯·库利认为，传播是人际关系得以成立和发展的机理②。中国著名学者季羡林先生也曾说过："文化有一个特点，一旦产生它就要传播，在民族内部传播，又传播到民族地区以外去③。"文化在传播的过程中主要从两个方面进行，一是进行文化的扩散，二是文化的传承。文化的扩散与传播是

---

① 王耀希. 民族文化遗产数字化. ［M］北京：人民出版社，2009：1，7.

② 沙莲香著. 传播学——以人为主体的图像世界之谜. ［M］. 中国人民大学出版社，1990：69.

③ 季羡林. 中外文化交流漫谈. ［M］. 北京大学出版社，1996.

横向发展，其流传与变迁则是纵向的发展，两种发展模式的结合就是少数民族文化发展与传播的直观表现形式。

少数民族生态文化的传承，是指生态文化在社会群体中纵向传播的过程①。这种传播过程受到现实生存环境和文化语境的影响，促使少数民族生态文化形成强制性和模式化的内在特征，由此建构了少数民族生态文化体系自我传承的机制。

民族文化的传承与发展受到该族群社会组织与社会结构完善程度的制约，同时社会的稳定与发展也受文化传承的影响，可以说社会的稳定与发展在某种程度上取决于社会文化制度的完备程度。从贵州少数民族文化的传承来看，荔波县瑶族在婚姻制度上的嬗变是最典型的例子。荔波瑶族的婚姻制度经历了四个阶段，一是"永留后代碑"所刻记的"姑舅表婚制"，即外嫁女所出之女必须嫁于娘家的外甥，如果有其他特殊情况不能成婚则需要向舅舅家支付高昂的赔偿；二是"永流后代碑"所记载的卢、覃两氏不得通婚的族规；三是1987年"求留后记碑"打破卢、覃两氏不可通婚的规矩；四是2015年荔波县出台瑶族婚姻奖励方法，荔波县政府奖励瑶族与外族联姻，引导瑶族民众逐渐转变婚姻观念。由此看出，瑶族婚姻观念的嬗变从族群的约定俗成，到政府的有效干预；从族群的自我约束，到国家机构与社会结构的规范，是不断进步变革的过程。社会结构的完善和民族文化的传承是辩证的关系，它们互相制约又共同成就。在人类生生不息的发展历程中，每一代人乃至每一个社会成员都是少数民族生态文化传承不可或缺的环节，这种世代相传的传承模式要求每一个社会成员都是这个环链的有机部分，一旦有某一环节的脱落都会影响到文化的再创造，甚至有可能会导致文化的断裂和消逝。民族生态文化的传承不仅仅是单一的文化因素的传递，更应是在顺应时代发展的过程中，完成少数民族文化的积累，丰富少数民族生态文化的内涵。

---

① 赵世林著. 贵州少数民族文化传承论纲. [M]. 贵阳：贵州民族出版社，2002：17.

第二节 生态文化扩散——民族间横向的文化传播

传播是"使原为一个人或数人所独有的化为两个或更多人所共有的过程"①。施拉姆认为:"传播时双方都是积极主动的,传播可以看成一种交易的手段,从某些方面来看,交易双方都是实用的,是适应一种需要,并加以满足"①。从以上观点可知施拉姆认为传播是一种交易手段,在这种交易中,民族文化的个性充当交易对象的身份,这种比喻是十分形象的。无论哪一个民族,它都有属于本民族特征的文化内容,都有自己独特的文化价值,在民族文化发展的过程中,了解和吸收其他民族优秀文化,成为民族文化发展与创新的必经之路。

任何民族的文化演进过程都不可能是独立、单一的发展。无论是民族与民族之间还是国家与国家之间,其生态文化要经久不衰地发展,就必须建立与其他民族生态文化之间的联系,从而以一种相互学习、共同发展的状态去面对日益严峻的生态问题。不同文化之间的交流是人类历史发展的历程,例如中世纪的欧洲模仿阿拉伯世界,而文艺复兴时期的欧洲则仿效拜占庭帝国②。因此,民族生态文化的长久发展是一个相互成就的过程。

一、强制接受方式

所谓强制接受方式就是指一个民族在社会发展的过程中,被迫接受另一民族的文化,例如在不同民族之间发生战争时,被统治的战败方被迫接受战胜方的民族文化。这种强制性的接受方式主要表现在民族语言、民族服饰以及民族风俗等方面,本民族的文化在这种接受方式中被消解,甚至消灭。这样的方式会不断地

① 何光先主编. 现代新闻学. [M]. 重庆出版社, 1992.
② 杨学功. 孙伟平. 从马克思的"世界历史理论"看全球化 [J]. 教育与研究, 2001 (004): 39-46.

减弱人们对本民族文化的归属感，削弱民族精神和民族情感，从而导致民族文化被异族文化同化的结果。

强制传播的方式往往更容易激化不同民族之间的矛盾，所以这种传播方式的推行势必会付出一定的代价。被强行接受的民族一旦拥有反抗的能力，势必会以各种各样的方式进行反抗和抵制。美国著名民族学家博厄斯认为每一个民族都有它自己的尊严和价值观，民族文化没有高低之分①。在当今国际背景下仍有一些国家和民族想要以文化入侵的方式对外宣传自己的文化，即"文化霸权主义"，某些国家总是试图利用自己的大国身份对其他国家进行民族文化"殖民"，以此巩固自己在政治以及经济上的霸权政策。但是反观现实，这样的做法是为全世界人民所不耻和反对的。

二、自然接受方式

贵州少数民族在长期杂居的历史背景下，各少数民族生态文化之间的关系十分密切，它们互相借鉴、互相传播，这种长期不断的文化交流形成了民族文化"你中有我，我中有你"和谐共生的发展模式。这种自然接受的传播方式往往会产生新的文化结构，即在多种少数民族文化交往的过程中，文化发生双向调适，促生出新的文化特征，形成不同文化之间的适应与融合。就贵州少数民族语言而言，其互相借鉴的词汇就不少。如贵州省荔波县甲良镇的水族和布依族之间的词汇借用就有许多例子。这个地区的水族与布依族在语言上有着许多共通之处，布依语中"莫话"和水族的"水话"不管是在语音上，还是词义上都十分相似，如"喝酒"一词水话的发音近似"解蒿"，莫话发音近似"xim，lāo"。水话和莫话中，"解"和"xim"都表示有"吃"的意思。从以上例子就可以看出，民族文化是没有天然区隔，在文化传播过程中吸收其他民族的先进文化是民族文化生存与发展的必经之路，这是人们的意识形态在民族与民族的交往中潜移默化的结果。

---

① 宋蜀华．白振声著．民族学理论与方法．［M］．中央民族大学出版社，1998.

不同文化之间以宽容的心态对话，最终将会对自身内部的文化结构产生重大的影响。自然接受的传播方式是一种潜移默化的文化交流过程，在短时间内是很难看到结果的，从哲学的维度来看，这是文化交流的"渐变"。

三、全盘主动接受方式

全盘主动接受的文化传播方式，实际上就是指各个方面都处于劣势的民族与其他民族相处的过程中，受到对方民族的优秀文化影响，将对方显著的文化特征全盘吸收，导致自身的民族文化在此过程中逐渐消失的文化现象。这种文化的传播方式中最明显的就是少数民族在服饰、语言以及歌曲等方面的影响。在贵州省荔波县地区，服饰上除了瑶族和水族相对还保持着较多的本民族特色之外，布依族等其他少数民族在服饰上无特殊情况几乎已经没有本民族服饰的保留，且服饰的装饰和做工都几乎没有保留本民族的制作特色。如果没有大型的节日或是表演，少数民族服装无特殊情况基本不会出现在人们的日常生活中；在语言方面，现在很多的少数民族的青少年基本停留于能够听懂本少数民族大部分语句所表达的意思，但是无法发出完整的语音。他们从出生就开始接触的是客家方言或是普通话，所以对于本民族的语言似乎有一种陌生感，甚至是排斥这种语言的学习；在民间歌曲的传承方面，因为对本民族语言的陌生以及现代网络技术的发展，少数民族民歌成为人们所遗忘的精神财富，流行乐曲则成为传唱度极高的音乐，而民族音乐却少有人问津。在这样的文化环境中，贵州少数民族地区的民族文化对汉文化的全盘吸收模式使本土民族文化生命力逐渐衰微。

综上例证可知，全盘主动接受的传播方式是一种少数民族自上而下的政府干预文化行为，少数民族主动接受先进的民族文化，提高民族素质的同时，也逐渐的减弱本民族文化的特色，这或许会加快世代相承的民族文化消亡。

四、部分主动接受方式

部分主动接受方式事实上就是少数民族在适应时代发展的一种表现，即信息时代的到来打破了各少数民族之间的相对独立的生存状态，加强了我国少数民族之间的联系，而这种链接结构成为少数民族文化平等对话、相互交流的有效机制。在这样的交流方式中，部分主动接受的方式最明显的表现就是各民族在保持自身文化特色之时主动地吸纳和借鉴其他民族的优秀文化，为自身的民族文化注入新的源源不断的活力。最典型的例子就是贵州黔东南侗族地区的侗戏对汉文化的吸收与借鉴。侗族人天性喜欢唱歌，侗戏主要来源于侗族人民对民间说唱故事的传唱。唐代以后，汉文化渗透侗族地区，作为官方的推行文化，汉文化对侗族文化的影响是不可避免的。当时的封建王朝在侗族地区推行汉文化，在这样的社会形态下，出现了许多侗族的汉文化知识分子，这对侗戏的出现与传承有着极大的推动作用。侗戏中有对汉文化许多传统曲目的认同，如《秦香莲》《陈胜吴广》《万喜良孟姜女》等侗戏都是源于对汉族故事的改编与借鉴。

民族文化的这种传播方式在保持自身文化别具一格的特色之外，还积极学习其他优秀的民族文化，博采众长，不断地保持本民族文化的新鲜血液以支撑本民族文化日新月盛、发扬光大。这不仅是自上而下的政府行为，同时也是少数民族文化的自我选择，只有不断地接受和改变，民族文化才能创造出更多属于自身的优秀思想因子，才能以一种良好的态势一直向前发展。当下贵州少数民族生态文化的交流与传播应该有所取舍，即在保持自身特色的前提下有选择地吸收。

第三节　生态文化传播——跨文化交流与传播

从某种意义上而言，文化在传播的过程中会衍生出新的文化涵义。因此，文化传播过程事实上也可以称为文化的"再创造"过程。例如，中国的火药和指南针技术传到西方之后，原本用于制作烟花爆竹的火药被用于军事，用于探测风水的罗盘被用于航海领域。文化"再创造"是文化在传播过程中必不可免的一道工序，无论是为了适应社会文化现状还是推动社会文明的发展，文化"再创造"都成为文化传播的规律之一。总而言之，"火药把骑士阶级炸得粉碎，罗盘针建立了殖民地，而印刷术变成新教的工具"①。

一、传统文化维护功能

美国著名社会学家帕森斯提出的文化维模理论指出，两种不同的文化在互相交流与传播的过程中，对于外来文化是有所选择的。当外来文化较为先进时，本民族文化更加容易接受这种外来文化的影响；反之，本体文化则会建立起一种文化的自我保护机制，以阻止外来文化对本民族本土文化的侵害。文化自我维护的功能和社会内部结构有着密不可分的联系，当社会结构稳定时，文化传播活动较为频繁且稳定，这是文化维护处于相对松弛的状态，在这种稳定的社会环境中，少数民族生态文化的传播更加均衡，同时少数民族生态文化的发展也伴随着稳定的社会环境而更加迅速。

贵州省由于地理环境的影响，在过去的时间里与外界的联系相对贫乏；在当下的科技时代，贵州少数民族生态文化冲破了大山的阻隔，与外界的文化有了更加频繁密切的联系，随着这种联系的增加，少数民族生态文化的维模功能作用也越来越重要。一方面它既要吸收优秀外来文化，增加少数民族生态文化的内涵，另一方面它又要维护少数民族文化原有的个性和积极因素，使少数民族生态文化能够代代相传，历久弥新。

二、文化适应

文化适应作为文化传播的重要环节之一，它体现了贵州少数民族生态文化在传播过程中的选择性，这种选择性与上文所说的文化的维模功能密切相关。所谓的文化适应就是指在不同文化相互传播相互影响的过程中，两种文化圈必须互相适应彼此的文化个性，只有这样才能够保证两种文化之间的传播能够正常进行。例如贵州省荔波县的水族与布依族，两种民族之间的生态文化存在着巨大的差

① 马克思.机器·自然力和科学的应用.马克思恩格斯全集［M］.北京：人民出版社，1978.

异，如布依族过"小年"，但是水族不过这个节日，他们"过端"或是"过卯"，在两种截然不同的文化个性中，两种文化圈之间的相互适应保证了本民族的文化个性。维模原理从文化传播受体的角度说明在文化传播过程中保护本民族文化的重要性，适应原理则是从文化传播主体的维度说明文化保护在文化传播过程中的重要性。二者从不同的角度论证了文化保护在少数民族生态文化传播中的巨大意义。少数民族生态文化是各民族在长期的历史发展中积淀传承而来的生活经验，在世代相传的过程中形成了自己独特的文化结构。因此，在文化的传播过程中就需要相互适应，最后彼此融合，精神文化尤其如此。

三、文化融合

文化融合就是指两种或两种以上不同的文化圈层之间的交流对话，最终彼此接纳、相互吸收的过程。最容易发生文化融合的就是统一地区的不同少数民族文化。如贵州省三都县周覃镇的水族与荔波县的布依族，在语言上十分相似。

通常情况下，发展较快、文明程度相对较高的少数民族文化更容易同化发展落后的民族文化，如我国古代汉族文化对少数民族文化的同化就是一个非常典型的例子，为了民族的发展长治久安，少数民族文化正在积极的向汉族文化靠拢，主动吸收汉文化的优秀因子，形成不同民族文化之间的大融合。

四、文化增殖

当两种或两种以上的不同民族生态文化圈发生互相传播的文化现象时，本民族生态文化势必会受到其他民族文化的影响，从而在一定程度上造成文化的增殖。在文化增殖的过程中，本民族生态文化会在某些方面增加新的文化意义，但是也可能会造成本民族文化的遗失。

这种文化增殖有两方面的表现：一是民族生态文化在传播的过程中发生质的增加，如我国用于制作烟花爆竹的火药传入西方之后，西方文明将其制作成武器，这从文化传播的角度来看，火药技术在性质上发生了质的增殖；另一方面则表现在民族生态文化在传播过程中发生量的增殖。如汉字"景"在《说文解字》

中的解释为日光，古义引申出"影子"的含义，后为了分担"景"的多重含义而分化出"影"字，从文化传承的角度来看，这是一种文化的增殖现象。由此可知，伴随着文化传播而产生的文化增殖现象，实质上是文化作为一种信息符号在文化传播中其含义得到扩大的现象。

事实上，并非所有的文化都能在文化传播的过程中实现文化的增殖，文化增殖需要同文化的传播方式、传播途径以及文化本身的价值意义等环节紧密地联系在一起。如果某种文化本身的存在就不符合社会文明的发展，即文化本身存在的价值决定了文化是否能够在传播过程中得到增殖。如少数民族文化中落后愚昧的文化，在文化的传播过程中就会被逐渐摒弃。

| 第二章 |

贵州少数民族生态文化传播优势、现状与困境

在千百年来文化的碰撞与融合下，贵州少数民族地区形成了独具特色的生态文化，在保护和传承传统生态文化的同时，更要在新时代的背景下充分挖掘独特的民族生态智慧和文化底蕴，借助新兴技术和传播新媒介，促进贵州少数民族传统生态文化的保护、开发与传播，助力少数民族地区更好地利用生态文化脱贫致富，促进贵州生态文明建设和经济可持续发展。

第一节　贵州少数民族传统生态文化传播优势

分析贵州少数民族传统生态文化传播现存优势，有助于进一步挖掘生态文化资源价值，丰富生态文化传播内涵。

一、自然景观的奇特性

除冰川喀斯特地貌以外，在贵州省可以看到其他所有大陆喀斯特地貌类型，是中国喀斯特地貌发育最典型、最全面的省份，使贵州拥有"喀斯特王国"的美称，其中不少溶洞有"中国之最""世界之奇"美誉。贵州岩溶发育面积不断扩展，地形随之变化，经历了千百年来漫长的地质结构演变过程，发育于地表的

瀑布、石笋、峰丛等与发育于地下的溶洞、暗河等纵横交错，形成极具地域特色和欣赏价值的自然"岩溶博物馆"。

表 2-1　贵州省 5A 级旅游景区（资料来源：智研咨询整理）

城市	景区名称
安顺	龙宫景区
安顺	黄果树大瀑布景区
毕节	百里杜鹃景区
贵阳	花溪青岩古镇景区
铜仁	梵净山旅游景区
黔南州	荔波樟江景区
黔东南州	镇远古城旅游景区

基于贵州省生态文化的原生性，全省森林覆盖率达 40%，建设森林氧吧具有天然优势，以喀斯特地貌发育演变过程中形成的瀑布、山泉、森林等自然生态为基点，选取森林空气负氧离子和植物精气等元素含量较多的地点，建设简约融洽的休憩设施，形成天然的休闲疗养场所，加之其夏季平均温度在 20 摄氏度左右，可打造天然避暑度假胜地。

表 2-2　贵州境内的中国森林氧吧（资料来源：智研咨询整理）

名称	类型	地理位置
梵净山国家级自然保护区	国家级自然保护区	铜仁市，地跨江口、印江、松桃三县
毕节国家森林公园	国家级森林公园	毕节市七星关区
阿哈湖国家湿地公园	国家级湿地公园	贵阳市南明区
荔波樟江风景名胜区	国家级风景名胜区	黔南州荔波县
尧人山国家森林公园	国家级森林公园	黔南州三都水族自治县

二、多民族文化的原生性

贵州省是一个少数民族聚居的省份，其中苗、彝、仡佬、土家、壮、羌等16 个少数民族世居于此，多民族风俗习惯与不同地域文化基因在历史发展中不断碰撞、融合，逐渐形成贵州少数民族地区独具特色的生态文化，在建筑风格、饮食习惯、婚丧嫁娶、服饰图样等各个层面都体现着多民族文化的交织融合及人文底蕴。在贵州少数民族现存的古老村寨中，仍保留着汉晋、唐宋、明清等各个朝代的服饰、建筑、习俗等文化因素，是一笔珍贵的中华少数民族非物质文化遗产。奇特的喀斯特地貌自然风光、淳朴热情的少数民族同胞、独具特色的少数民族乡土风俗（表2-3）、匠心独具的少数民族手工艺品，构成别具一格的文化生态环境，使贵州少数民族地区发展生态文旅具备了得天独厚的优势。

表2-3　贵州民族文化与民俗风情一览表

类别	具体项目
民俗	苗族四月八、独木龙舟、祭尤、河灯、赶苗场、芦笙、岜沙苗族成人礼、布依族丧葬礼俗、新化舞狮、仡佬族婚俗、仡佬族吃新、土家族过赶年、下洞祭风神、余庆龙灯、镇远元宵龙灯、瑶族服饰、榕江侗族服饰、四十八寨侗族服饰、土家族婚庆夜筵、屯堡抬亭子、龙鳌祭祀、划筷奠祖、竹王崇拜等
民族歌曲	侗族大歌、苗族古歌、锦鸡舞、鼓龙鼓虎、滚山珠、傩戏、地戏、彝族撮泰吉、八音坐唱、、苗族银饰锻制技艺、水族马尾绣、道刻、铜鼓十二调及反排木鼓舞等
传统手工技艺	苗族织锦、泥哨、银饰、马尾斗笠、侗族鼓楼花桥建造、大方漆器制作、屯堡石头建筑、枫香染制作、蓝靛靛染、水族石雕、土法造纸、傩面具制作、竹编工艺、故央、窑上古法制陶、蜡染及旺草竹编等
民间音乐	苗族多声部情歌、芒筒芦笙祭祀乐、十二诗腔、阿江、侗族大歌、河边腔、歌簦、布依族民歌、勒尤、婚俗音乐、薅秧歌、船工号子、十八调、土家族打镏子、龙灯俄、凤冈吹打乐、黔北打闹歌、绕家呃嘣、高腔大山歌及仡佬族哭嫁歌等
民间舞蹈	苗族铜鼓舞、芦笙舞、长鼓舞、烧灵舞、猴鼓舞、板凳舞、踩鼓舞、毛南族打猴鼓舞、瑶族猴鼓舞、土家族摆手舞、阿妹戚托、彝族酒礼舞、铠舞"恳合呗、卡堡花棍舞、矮人舞、响蒿舞、素朴金钱棍及四桐鼓舞等
传统戏刷	阳戏、文琴戏、花灯戏、黔剧、喜傩神、地戏

续表

类别	具体项目
杂技与竞技	麻山绝技、布依族高台狮灯、仡佬族高台舞狮、寨英滚龙、瑶族民间陀螺竞技、仡佬族打蔑鸡蛋、苗族射弩
民间信仰	侗族萨玛节、哥蒙的哈冲、独山愿灯、布依族扫寨、仡佬族毛龙节及盘县地坪乡彝族毕摩祭祀文化
岁时节令	苗族茅人节、稿午苗族水鼓节、鼓藏节、注溪娃娃场、清水江杀鱼节、水族端节、水族卯节、查白歌节、赶毛杉树、大狗场吃新节及跳花节等
文化空间	双倍嘎、四十八寨歌节、社节、报京三月三、隆里花脸龙、苗族弄嘎讲略、月也、古思州屯锣、姊妹节、沙洲节、敬雀节、锣、屯堡文化及梭嘎箐苗

三、历史文化的厚重性

贵州省历史源远流长，文物古迹遍布全省，贵州省少数民族生态文化的历史底蕴和文化内涵极其丰富。在贵州境内发现的"桐梓人""水城人""兴义人"等文化遗址，以及大量的动物化石表明，贵州可能是古生物及古人类的发源地之一[1]；贵州一直流传着"夜郎自大"的典故，时至今日在其境内仍能发现夜郎文化的印迹，出土的古墓葬群和文物等均对"夜郎国"的研究具有重要意义；明太祖朱元璋打通"南京—贵州"交流壁垒，使两地文化交融形成内涵丰富的屯堡文化；心学集大成者王阳明在贵州修文龙场"悟道"，开启新一代心学思潮，推动了中国思想界的变革；"黎平会议会址""遵义会议会址"红花岗烈士陵园"四渡赤水"赤水胜地息烽集中营旧址等，均是极具价值的红色文化资源，为红色旅游奠定了基础[2]。

---

① 徐燕．贵州喀斯特地区旅游竞争力研究［D］．贵州师范大学，2008.
② 《贵州文化产业发展研究》课题组，贵州文化产业发展研究，《贵州文化产业发展研究》课题组，2006.09，第 1 页

第二节　贵州少数民族传统生态文化传播现状

贵州作为一个少数民族聚居地区，拥有十分丰富的传统生态文化资源，但是外传播的影响力十分有限。对贵州少数民族传统生态文化传播现状进行分析，有助于提出针对性的保护、开发和传播策略。

一、政策扶持，顶层把控生态文化传播大局

贵州省位于我国西南部高原地区，由于地理位置、地形地貌、生态结构演变等不可抗力因素的制约，相较于发达地区，经济发展较为迟缓。近些年来，国家整体经济水平稳步上升，西部扶持工作也在平稳进行中，贵州省少数民族地区经济逐渐回暖并呈现欣欣向荣的态势，当地政府在保护传统生态文化基础上，积极组织开发和利用多样生态文化资源，在传播传统生态文化的同时，提升区域经济效益，其中奇特的自然景观和淳朴的人文情怀深受游客喜爱。

为促进贵州传统生态文化的传播，助力生态文明建设和生态经济发展，贵州省政府及相关部门出台了一系列文件，提供政策扶持，为顶层把控生态文化传播的大局提供了必要支持。例如贵州省文旅厅于 2019 年底发布《贵州省旅游发展和改革领导小组办公室关于大力发展乡村旅游的实施意见》①，意见围绕"文旅扶贫"和"美丽乡村建设"两大主题提出实施方案和思路建设。为深入贯彻习近平生态文明思想和全国生态环境保护大会、全省生态环境保护大会暨生态文明试验区（贵州）建设推进会精神，提出了贵州省生态环境工作要点，其中生态环境保护重点工作任务包括：深入推进乡村环境整治战；深入推进固体危险废物治理战；开展生态保护红线勘界定标工作；抓好示范创建和自然生态监管、强化

---

① 本报评论员. 让旅游成为乡村振兴重要引擎 [N]. 贵州民族报，2020-04-03（A01）.

生态环境监管执法；完成贵州生态环境保护国家治理能力第三方评估试点；加快
生态环境保护领域立法工作；建立赤水河流域跨省生态保护机制，推进生态补偿
工作等。

二、媒体融合传播，扩大生态文化传播场景

在新媒体快速发展的今天，生态文化传播依旧不能放弃传统媒体这一重要渠
道，贵州少数民族传统生态文化形象传播的主要渠道仍是贵州卫视、贵州日报、
贵州广播电视台等传统媒体，因其固有的国有事业单位属性①，权威性和大局观
更强，能够从宏观视角描绘和传播贵州少数民族生态文化场景的全貌，是打造和
传播文化形象的重要途径。

但由于报纸从新闻采集、撰稿到排版印制，电视节目、电台节目从内容采
集、台本制作、节目编排到彩排播出均需要一定时间，传统媒体在内容表达形式
以及适用场景上都有所局限，纸媒只能刊发文字和图片，且必须去报刊亭买报纸
杂志才能阅读到内容，具有滞后性；广播电台只能播放音频且必须有相应的播放
设备；电视媒体内容表达较为丰富，纪录片、电视剧、电影一度成为少数民族文
化传播的重要渠道，但仍存在制作成本高、制作周期长、场景适用性不足、疏离
感等问题，均不能完全满足当下少数民族文化传播的需求。因此不能单纯依靠传
统媒体进行文化传播，要借助新媒体弥补传统媒体时效性滞后的问题，达到实时
传播效果；另外，贵州日报等纸媒仅在本省内发行，对外传播影响力不足，无法
达到良好的传播效果，还需要借助抖音、新闻客户端等新媒体渠道进行传播效应
的扩张。

传统媒体与新媒体融合传播成为当下贵州少数民族传统生态文化传播的新思
路，2019 年贵州省政府为打造媒体矩阵，在结合传统媒体和新媒体两者综合传
播优势的基础上达到更好的传播效果，整合贵州日报社、当代贵州杂志两大贵州

---

① 袁玮. "互联网+"背景下贵州形象传播的新媒体策略 [J]. 西部广播电视，2019
（18）：61-62.

主流传统媒体，成立了贵州日报当代融媒体集团；贵州广电传媒集团也积极响应政府政策，将传统媒体与新媒体进行有效整合，为贵州少数民族传统生态文化传播提供强大的运营团队，开拓新传播渠道。

三、新媒体助力，促进生态文化交流发展

基于互联网技术下的新媒体具有先天的技术优势与作为媒体的信息服务功能。相较于传统媒体传播信息滞后、单向传播等局限，新媒体具有海量、高速、实时、互动、广泛等传播优势，能够在最大程度上实现贵州少数民族传统生态文化的大范围实时传播，使世界各地的人们都能在各种媒介中感知贵州传统生态文化的深厚底蕴，诱发想要继续了解的冲动，唤起人们对贵州少数民族风土人情的憧憬。同时，通过新媒体能够达到双向实时互动的效果，可以看到影评、乐评等反馈，提高贵州少数民族生态文化的传播效果和影响力。

在历史的发展长河中，贵州少数民族文化受限于地域分割、媒体技术落后等因素，传播范围较窄，且信息真实性难以考察。新媒体在扩宽贵州少数民族生态文化传播渠道的同时，也扩大了少数民族文化传播的空间，增加了文化交流与文化交融的机会，促进各少数民族文化的共同发展。新媒体出现后，少数民族传统生态文化传播语境发生改变，不再拘泥于官方语境，使少数民族人民也能够成为文化的直接传播者，以"我"的视角对贵州少数民族传统生态文化进行解构，原汁原味，真实性更高，使少数民族文化与传统主流文化逐渐恢复平等交流的传播关系，促进文化交融。

借助精湛的新媒体技术能够更好地促进贵州传统生态文化的传播，在集文字、图片、音频、视频等表现形式于一体的同时，抖音短视频、小成本宣传片、故事情景剧等都为文化传播提供了新的传播路径和传播形态，增强了趣味性和互动性，还能通过 VR、AR、虚拟现实等技术手段，让受众身临其境地感受贵州少数民族生态文化的魅力。小成本纪录片《四个春天》就是描述贵州村民最淳朴的故事，赢得受众一片好评，是一次向外界宣传贵州形象的成功案例。

四、重点突破，文化产业体系初步形成

文化产业与经济发展息息相关，正逐步成为产业结构中越来越重要的一环，是贵州省着力培育的新兴产业，构建完整的文化产业链条是促进贵州少数民族传统生态文化传播的重要路径，也是贵州生态文明建设的重要标志。

贵州省非物质文化遗产众多，自然景观及人文旅游景点众多，少数民族文化资源丰富，是名副其实的文化资源大省。改革开放以来，贵州省勇于面对挑战，紧紧抓住新常态下的机遇，一直积极建设文化事业和文化产业，发挥贵州历史底蕴、少数民族特色、红色基因、生态文化等优势，大力推动文化产业与生态文旅开发、特色小镇打造、新型工业化等相关产业融合发展，呈现出良好的发展态势。目前已形成文旅、文娱、IP 周边、品牌集群、文艺表演等一系列文化产业体系雏形，具备快速发展文化产业体系的基础和潜力。此外，贵州省政府牵头建设众多文化产业园区及文化产业基地，并以此为基础，大力发展动漫、影视等传媒产业，孵化壮大文娱产业链。

2017 年，贵州省作为西部唯一一个省份进入中央文化体制改革规划第一方阵中，极大地鼓舞着贵州省文化产业的进一步发展。近些年来，贵州省在党和政府的带领下，积极响应国家政策号召，多措并举，不断提升贵州省文化产业整体实力与核心竞争力。

第三节　贵州少数民族传统生态文化传播的困境

中国的少数民族地区所特有的少数民族生态文化，是少数民族的精神载体和宝贵财富，是其地理条件、自然资源的真实写照，是中华传统文化不可分割的重要组成部分。

在互联网、大数据等新型的现代化技术高速发展的今天，少数民族传统文化

也必须要搭上现代化转型这趟快车，现代化转型已成为其必然的发展趋势，贵州少数民族文化作为中华民族文化重要的宝贵资源与不可分割的部分，同样在结合自身发展的实际情况下，发现在当今时代贵州少数民族生态文化传播存在部分问题与困境，以寻找到传统与现代化的交汇点，实现少数民族传统文化进一步实现现代化转型与发展创新。

一、现代化的冲击导致少数民族生态文化的部分流失

随着社会各方面现代化的高速发展，国家间的合作交流日益频繁，异质文化与本土文化之间、传统文化与现代文化之间难免发生碰撞。一些西方国家凭借其强势地位企图实现文化殖民，在异质且多元化的文化的环境中，民族生态文化在实现传承和创新发展方面面临着困境。然而少数民族生态文化作为中华民族优秀文化重要的组成部分，因其不同的地理位置和生态资源形成了各具特色的生产生活方式，拥有不可估量的宝贵价值。如果用单一的文化去适应复杂多样的生态环境，其后果是难以想象的。

随着市场经济的快速发展，伴随着其影响的加剧，少数民族的部分青年的现代性更加明显，甚至存在小部分人轻视甚至抛弃本民族的生产生活方式的现象，现代化的生活模式一定程度上冲击着部分少数民族原有的生活模式，部分少数民族民众的心理，也产生了复杂的变化。任何民族都有融入现代化潮流中的权利，但是需要认识到，少数民族地区要获得长远、良性的发展，其民族生态文化的传承保护是关键，且是必不可少的。

如何使传统少数民族生态文化与现代化发展成果相融合，实现少数民族生态文化的现代化融合与转型，应当结合少数民族地区的现实情况，充分尊重少数民族人民的意愿，并通过相关的宣传教育，使少数民族同胞，尤其是年轻群体充分认识到现代化转型的重要性与必要性，也要认识并认可本民族传统生态文化的独特性与宝贵性，使其以正确的态度对待少数民族传统生态文化与现代化发展成果的融合。面对少数民族地区种种亟待解决的问题，仍要以少数民族生态文化为基本出发点，结合实际情况，寻求最佳方案，以促进贵州少数民族地区的健康良性

发展，走可持续发展道路①。

二、少数民族生态文化现代化转型意识的欠缺

实现贵州少数民族生态文化现代化转型的关键点之一，是要正确认识到现代化转型的方式与方向。少数民族由于地理位置等多方面的原因，在信息的获取与传播方面缺乏有利条件，过去的少数民族文化传播主要依赖于村民间的人际传播、村寨间的组织传播等群体间的小范围传播②。"随着一些少数民族地区广播、电视的大面积普及，由小面积传播转换为单向传播模式，人们获取的信息具有局限性，基本是官方媒介发布的内容，在某种程度上造成本民族群体对自身独特生态文化缺乏一些正确的认知，缺乏其他民族生态文化的多元性认知，由于信息传播方面缺乏优势地位，外界也在某种程度上对少数民族生态文化的存在片面，甚至是不正确的认知。

一是对现代化方向把握不足。贵州传统少数民族生态文化的影响是深刻且深远的，但由于部分少数民族群众缺乏对现代化的正确认识，对现代化转型存在一定程度上的排斥心理，出于对自身传统文化的信奉与守护，而不愿改变现有生活方式，导致贵州少数民族生态文化现代化转型存在意识欠缺。

二是小部分少数民族群众的生态意识偏低，一定程度上缺少对自身生态文化的反思与认知，在本民族生态文化传播方面参与性、积极性较低，责任意识还有薄弱环节。

三是部分媒体从业者缺乏生态知识，只注重经济效益与徒有形式的娱乐传播，从而将民族文化内涵的深层次挖掘与保护放在次要或不重要的位置，使得在少数民族文化传播过程中，部分媒体从业者将追求传播效应最大化放在了首位，忽略了传播少数民族文化内涵的重要性，在传播过程中，少数民族生态文化染上

---

① 龙丽波. 新时代民族地区生态文化的活态传承与绿色发展研究［J］. 宝鸡文理学院学报（社会科学版），2019，39（06）：71-76.

② 杨杰. 新媒体时代下贵州原生态民族文化的传播研究［J］. 今传媒，2018，26（05）：159-161.

了娱乐化成分的染料，不利于传播少数民族生态文化的真正内涵。

若媒介将传播重点放在功利化的、肤浅化的传播目的，消费主义时代为了博取大众的注意力与兴趣点，忽略少数民族文化的真正内涵，将传播重点放在猎奇性的内容，过分追求经济效益，这在一定程度上造成少数民族生态文化内涵与品质在传播过程中消解。新媒体语境下，人人都是传播者，且传播路径是多样且复杂的，是一个众声喧哗的大语境，这就在某种程度上导致在传播少数民族生态文化时，会出现传播的碎片化，内容的趋同化，甚至虚假内容等问题。因此，贵州少数民族群体应加快"文化自觉"意识的培养，促进意识觉醒，同时意识到跟上现代化发展脚步的重要性，尝试积极有效的现代化转型方式。

三、少数民族生态文化传承与保护主体一定程度上缺乏

现代社会，人员的大量流动，使民族间，甚至国家间的交往更加频繁，带来了多元文化的交汇、碰撞与冲突，贵州少数民族的本土文化也受到外来文化的冲击，然而，目前由于热心于传承少数民族生态文化的年轻群体比重较低，再加上其少数民族文化传承方式某些程度上存在单一性，一定程度上影响到少数民族生态文化传承保护的延续性和完整性。

一是民族文化认知方面的部分缺乏①。在贵州少数民族地区对本民族的一些民风民俗、传统文化有较强认同感的多为当地的一些中老年群体，随着时代发展，各类潮流的涌入，少部分的年轻人则对本民族文化的了解停留在表面，认同感和自豪感相对较低，贵州少数民族地区也存在人口流动现象，外来人口进入贵州少数民族地区，带来了少数民族外的传统文化与现代化的生产生活方式，本土的年轻人接纳力、尝试性较强，对这些异质文化表现出一定程度上的新鲜感与认同感，并通过自己的实际行动表现出来。

二是传承主体存在些许问题。当前，贵州少数民族生态文化传承的主力军主

---

① 叶有根，陈敦芝. 贵州民族文化现代化发展的困境与对策研究［J］. 理论与当代，2019（08）：61-63.

要是当地中老年人群体，大部分少数民族地区的年轻人通过外出务工、上学等方式走向城市，离开本土向外寻求更广阔的发展空间，贵州少数民族地区年轻群体的部分流失，一定程度上使得少数民族生态文化的传承出现后继乏人的困境，这主要与部分少数民族地区基础设施存在短板、教育资源不足等原因有关，但近些年，这种情况都有了较大改善。

四、贵州少数民族生态文化传播方式与引导力的部分欠缺

从目前的传播现状出发，很多媒体都参与了少数民族生态文化理念的传播，但传播方式比较乏味单一，大部分媒体主要是采用消息、专题报道、环保短片等形式，如微电影、短视频、VR 等较受年轻人欢迎的新型传播方式应用较少，传播手段不够多样，高新技术应用不足，一定程度上无法满足人们日益增长的文化需求。

产生这个问题的原因主要有以下两个：一是很多媒体在进行少数民族生态文化传播时，通常要考虑传播的收益，特别是各新媒体平台，在传播方式上大多采用对主流媒体发布的内容复制、转载、转发的方式，内容趋于雷同。现在是注意力经济时代，面对重复枯燥的少数民族生态文化报道，人们会渐渐失去关注兴趣，人们更乐于主动接触符合自己喜好的内容。二是部分媒体从业者生态知识水平较低，传播者的认知水平造成文化的曲解改造，某些程度上导致了少数民族生态文化传播主体出现异化，由于只注重经济效益与徒有形式的娱乐传播，忽视了少数民族生态文化内涵的深层挖掘与保护。在这样的局面下，生态文化理念的传播就会遇到一定的困境，新媒体时代的传播目的应是传播文化，进而影响大众的思想观念，发挥一定的教育功能，而非一味地追求经济效益与娱乐化。因此，改变陈旧观念，创新传播方式极为重要。

因此，新媒体时代民族文化传播不仅要从意识转变做起，还要主动地积极去引导公众的传播责任意识的觉醒，政府应明确其作为政策法规制定者的角色，在少数民族生态文化的现代化转型过程中，法律法规将会成为少数民族生态文化保

护与传播坚实的后盾和制度保障①，政府在对少数民族文化的保护方面，应避免过多的干预。政府在少数民族文化保护中的定位主要是宣传者、协调者、引导者、教育者，要采取多种方式去引导和培养公众，对于少数民族文化保护与传播的责任意识，例如设立相关研究机构、组织相关社会团体，并予以政策和资金上的支持，从少数民族文化本身层面来看，要加强诸如传播引导方面的能力提升。

---

① 吴琼，潘云. 黔东南少数民族文化保护中的地方政府角色定位 [J]. 文化创新比较研究，2019，3（10）：53-54.

第三部分
贵州少数民族生态文化传播策略

在贵州少数民族传统生态文化传播现状及困境分析的基础上，针对性地创新传播策略是促进贵州少数民族传统生态文化可持续发展和传播的必然之举。本部分基于宏观、中观、微观三个层面，从贵州少数民族传统生态文化精神内涵革新、文化创意产业聚集、新媒体技术助力等方面提出创新传播策略，为贵州少数民族传统生态文化传播提供借鉴。

| 第一章 |

宏观层面：创新贵州少数民族生态文化新意蕴

贵州少数民族传统生态文化是少数民族经济、生产生活、文化和产业特点的反映，不仅维系着人与自然的和谐关系，还是推动当地少数民族文化可持续发展的重要基础。但是随着时代的发展，外部环境发生了变化，贵州少数民族的生产生活方式也相应发生了改变。贵州少数民族传统生态文化的现代保护和传播应该协调传统文化与现代文化之间的关系，继承和弘扬贵州少数民族生态文化中的精华及积极因素，破解经济发展与环境约束之间，少数民族习惯法与生态文明法治建设之间的发展出路，推动贵州少数民族地区生态文明建设、发展地区绿色经济、构建文明和谐的社会①。

第一节　贵州少数民族传统生态文化的现代弘扬

贵州少数民族传统生态文化的现代弘扬既是一个理论问题，也是一个实践问题，但必须对贵州少数民族的现代生态文化的内涵和架构做出定位和阐释，关于这一问题同样从观念、制度和物质三个层面加以探析和阐述。

---

① 廖国强，何明，袁国友. 中国少数民族生态文化研究［M］. 昆明：云南人民出版社，2006.

一、生态文化观念建设创新

科学的、辩证的生态观是人与自然协调发展、可持续发展的生态观，要充分地认识人与自然关系的多样性、复杂性①。贵州少数民族传统生态文化的现代保护与传播，应当在继承合理内核的基础上，吸收借鉴现代生态思想。

贵州少数民族传统生态文化当代保护与传播面对一定的发展困难，一是因为随着人类物质生产方式的转变，传统的生态文化已经不适应现代社会追求高效生产方式和经济效益最大化；二是贵州少数民族传统生态文化是一种经验性的自然观，尽管其有着科学、合理的部分，但在现代科学的实证性、准确性的要求下存在部分问题。在此背景下，贵州少数民族传统生态文化的保护与传播必须在继承其科学、合理内涵的同时，向现代的、科学的自然生态观转换，赋予其新的时代内涵。

二、生态文化制度建设创新

贵州少数民族现代生态文化的构建，除了以科学的自然生态观为指导外，还必须以现代社会的制度文化为保障，或者说把贵州少数民族生态思想和行为的制度化作为贵州少数民族现代生态文化建设的重要内容。贵州少数民族传统文化中有许多保护自然资源和生态环境建设的习惯法，例如村规民约、民风禁忌等，这些习惯法对贵州少数民族传统文化的建构、保护和传播发挥了重要作用，成为调节和维系贵州少数民族传统生态文化类型和模式的重要保障机制。但是贵州少数民族现代生态文化的构建需要从内容到形式上，对传统生态文化制度的超越和转换②。

贵州少数民族传统生态文化制度，多是通过少数成文法典和大部分的乡规民

---

① 袁国友. 中国少族民族生态文化的创新、转换与发展. [J]. 云南社会科学，2001：191-209.

② 庞锋. 少数民族习惯法与国家制定法的冲突与调整 [J]. 贵州民族研究，2016，37（04）：22-25.

约和风俗习惯体现出来的，缺乏规范性、系统性和准确性。贵州少数民族现代生态文化制度必须提高其水平和层次，将其纳入少数民族地方性法规之中，并与国家的生态法律法规相结合，增强其权威性和规范性，避免与国家现行的法律法规相抵触和冲突①。

三、生态文化物质建设创新

少数民族地区经济发展水平相对低下和生态环境的恶化与生产方式落后有关。因此，必须走以科技为动力、市场为导向、效益为中心，以可持续发展为目标的集约型、效益型绿色发展道路 ②。

为了推动贵州少数民族地区的经济发展，为少数民族传统生态文化的发展提供物质基础和更好的环境，未来贵州少数民族地区应当转变以往的经济发展方式，将粗放式的农业生产方式向生态型、产业型、高效型转变，积极挖掘贵州少数民族经济生产模式中的文化元素，发展文化产业，推动生态旅游带动当地经济发展，调整产业结构向科技型、环保型生产方式转变③。

第二节 观念创新——推动生态文化思想永续传承

贵州少数民族传统生态文化需要抛弃陈旧的、迷信的部分，在继承科学性、合理性的基础上，吸收现代生态思想，为尊重自然的贵州少数民族传统生态文化注入新的时代内涵，向科学现代的习近平生态文明思想靠拢和转变。

---

① 喻见.贵州少数民族地区生态文化与生态问题论析 [J].贵州社会科学，2005（03）：36-38+50.

② 路明.建设生态农业是实现我国农业现代化的必由之路 [J].农村工作通讯，1999（12）：4-6.

③ 陈扬.贵州生态文明建设与经济结构调整 [J].中共贵州省委党校学报，2008（03）：57-59.

一、自然观："天人统一"创新发展为"人与自然和谐共生"

自然观是人们对自然的观点和看法的集合，本质上是关于如何认识人与自然的关系。贵州少数民族创世神话、图腾崇拜中体现其祖先"天人合一"的思想。彝族的创世神话认为"人与天地共生"，早在原始时期彝族祖先就已经领悟到人源于自然。瑶族创世史诗《密洛陀》中还特别强调了树在人类诞生过程中的特殊地位，人是自然之子的观念早已深深嵌入贵州少数民族的集体无意识之中。当代生态文明思想从"文明兴衰论""永续发展观"等维度阐释了人与自然和谐共生的重要性和必要性①。自然环境能够影响民族的兴衰交替和永续发展，因此尊重自然规律、实现人与自然的和谐相处是必然选择。

新时代，少数民族传统文化中关于自然观的演变是物质生产方式转向绿色发展方式的背景下所做出的正确抉择。"人与自然和谐共生"与"天人合一"相比，精神内涵并未改变，但不再缺乏逻辑上的明晰性和确定性，而是以"理性的和历史的态度"探求人与自然的有机整体②。正确处理好人与自然的关系，实现二者的和谐共生，使贵州少数民族传统生态文化中对于自然的态度和观念更符合时代要求。

二、生产观："知足知止"创新发展为"取之有度，用之有节"

生产观是人们关于生产总的看法和根本观点，即以什么样的态度、用什么样的方式进行生产。生产观的正确与否直接影响着生态环境的保护和发展，贵州少数民族传统"取之有度"的生产观具有十分重要的现实意义，只有树立取用有

---

① 中共中央文献研究室. 习近平关于社会主义生态文明建设论述摘编 [M]. 北京：中央文献出版社，2017.

② 张岂之. 中华优秀传统文化的核心理念 [M]. 南京：江苏人民出版社，2016.

度、集约利用的生产观，才能确保经济社会的可持续发展，促进人与自然的和谐共生①。

黔东南水族每年都有"封山议榔"的习俗，人们十分重视，对保护当地森林资源也有着至关重要的作用。侗款这一制度中有禁止砍伐森林、合理利用土地的相关内容，对生态保护同样发挥着重要作用。习近平生态文明思想中提出的"大力弘扬中华民族勤俭节约的优秀传统"②，同样主张节约并合理高效地开发使用自然资源。在总结人类发展过程中发生的过度开发自然酿成的惨痛教训基础上，强调要认真吸取教训，不能重犯杀鸡取卵、竭泽而渔的错误。贵州少数民族地区由于地理位置、气候生态等原因，目前大部分地区仍保留着原始的生产方式。因此，为了满足日益增长的物质生活的需求存在过度索取自然的现象。为了切实解决资源过度开发的问题，贵州少数民族地区要走绿色循环发展、低碳发展之路。

随着社会和时代的不断进步，贵州少数民族生态文化中对自然合理利用、取之有度的精神仍然不会过时。在社会生产的内涵、手段、方式发生巨大改变的今天，更应当将其合理应用于少数民族地区自身经济发展中去。

三、治理观：从"系统整体"到创新发展为"统筹全局"

生态治理观主要是指采取什么样治理理念和治理方法实现生态修复和生态环境质量改善的基本观点。贵州少数民族传统生态文化一向将生态系统看成是一个密不可分的整体，强调因时制宜、因地制宜、因物制宜、因事制宜。

贵州少数民族面对独特的喀斯特地貌，因地制宜生产劳作。如麻山苗族的"刀耕火种"，就是利用土层较薄的山脊地段来种植，树木密集但比较陡峭的地方则成为了狩猎采集区，洼地堆积的水不是视而不见，而是存起来成为了旱季水源。威宁县少数民族村寨的苗族对此研究了一个值得学习的耕地方式，他们一开

---

① 王红茹．"第八届中国经济论坛"现场报道 不蹈东部地区"先污染后治理"覆辙 贵州探索生态经济发展新模式［J］．中国经济周刊，2008（Z2）：28-31.
② 习近平．习近平谈治国理政：第一卷［M］．北京：外文出版社，2014.

始便将耕地划分，用以轮作休耕，然后每几年换一部分耕地来种植，保证每个部分都能轮荒①。休耕过程为之后的耕种打下了基础，划分好的生态圈又不会让人们无地可种，既减轻土地压力又保证作物有收成。贵州少数民族形成的生产方式既因地制宜，在有限的土地条件上创造更多的价值，又将生态系统看作一个整体，处理好人们对土地的需求以及贵州独特的地形之间的关系。

新时代生态文明思想遵循系统工程的思路，融入经济、政治、文化和社会等方面因素，对生态环境保护进行全方位建设。习近平新时代生态治理观是对民族传统文化和历史实践的创造性转化和创新性发展，是中华优秀传统生态文化的逻辑延伸和现代发展②。贵州少数民族传统生态文化作为中华传统文化的组成部分，要吸收和借鉴习近平新时代生态文明思想，创新内涵与意蕴使其更符合时代要求。贵州少数民族传统生态文化自然观、生产观、治理观的现代转换推动贵州少数民族传统生态文化更好地保护和发展，使其不断具有新的时代活力。

第三节　制度融合——保障生态文化建设有序发展

生态环境的保护需要依靠制度的规范和约束，对制度的研究可以更好地促进理论的发展，所以生态文明制度的研究当然可以促进生态文化理论的发展。生态文化制度可以划分为以法律司法等为代表的国家法（正式制度）和以习惯、规矩、村规民约等为代表的习惯法（非正式制度）。生态文化制度包含有四个维度的基本规范：法律维度、软法维度、文化维度和习俗维度。在制度的融合上，生态文化正式制度和非正式制度可以相互依照和支撑，去加强彼此间合理部分。贵

---

① 杨俊，孟浩. 土地整治对耕地轮作休耕的影响研究进展与展望 [J]. 土地经济研究，2016（2）：144-157.

② 中共中央文献研究室. 习近平关于社会主义生态文明建设论述摘编 [M]. 北京：中央文献出版社，2017.

州少数民族生态文化更多的是对非正式制度的体现，其合理部分规范着人们的行为，影响着人们的思维方式，维护着人与自然和谐的关系。推动贵州少数民族地区正式制度体系建设向着新时代生态文明法治建设转变，以及非正式制度的更新和完善，为贵州少数民族传统生态文化的保护和发展提供稳定的环境和法律保障。

贵州少数民族生态文化建设需要涉及生产生活方式、精神价值追求、思维角度等方面，关键是补充好生态文化制度体系的建设。然而生态文化制度体系包含环境保护的法律、政府法规、民间规范、市场贸易等方面，它对政府、公众、企业、社会的行为产生约束性作用。在一定程度上决定着少数民族地区社会秩序的稳定和社会发展的水平，促进贵州少数民族传统生态文化的保护与发展。

一、贵州少数民族生态文化与生态文明法治建设

少数民族地区的生态法治建设作为我国生态文明建设的重要组成部分，需要将少数民族传统生态文化与法制文化相结合，对少数民族传统生态文化进行法制层面的更新迭代，从而促进少数民族地区生态法治建设，为少数民族传统生态文化的保护与传播保驾护航。

（一）少数民族传统生态文化与生态文明法治建设的关系

1. 少数民族地区的法治建设应兼顾少数民族传统生态文化

少数民族传统生态文化作为民族文化的重要组成部分，是少数民族族民的精神指引，凝聚着不同民族的相互团结与自我认同，例如苗族"依山而居，山水相连"的习俗，使得族民聚居，促进了民族团结，也体现着他们的内心对山水的依赖。因此，少数民族传统生态文化的保护与传承是少数民族地区的法治建设的重要精神基础。

这意味着法治建设在少数民族地区开展时要注意以下条件：第一，生态文明法治建设的相关精神和物质成果要供少数民族人民所用，能让他们利用法治成果来改善和提升自己的民族家园；第二，法治建设理念要符合少数民族地区的观念

需求，满足少数民族人民的根本利益，不能将同质法治理念强加于异质文化上，破坏民族地区长久以来的"习惯法"，这样只能将法治建设推向深渊，演变成"无根之树"。

2. 少数民族生态文化的交流、融合需法治保障

贵州少数民族生态文化的发展与传播需要法治加以保障。一方面，借鉴其他民族的生态文化必定会引起自身生态文化的缺失，所以法治是第三只手，也是防范和避免自身文化缺失的安全网，当贵州少数民族的生态文化与其他民族生态文化交流时，它能够坚守住自己的底线和规则。每个地区有每个地区的独特性，不能因借鉴其他文化的优秀部分而破坏自身合理的生态文化内容，导致自身的生态文化在传播中偏离了正确方向。另一方面，在保护与传播贵州少数民族生态文化时，尤其是在借鉴其他省份少数民族生态文化与科技融合时，法治对于两者融合具有约束和规范作用①。科学技术作为工具不是万能的，只有完善的政策法规作后盾，才能更好地让生态文化的发展给科技的发展营造一种人文的反思，使科技发展的不利面减少，引导科技走向以人为本的轨道，促进人与自然的和谐发展。

不同少数民族的生态文化存在着差异，在交流的过程中，我们既要坚持保持贵州少数民族生态文化的自信，又要尊重和客观地看待其他民族生态文化，做到吸收长处、求同存异，发挥贵州少数民族生态文化的推陈出新、开拓进取的优点，与其他少数民族生态文化交流融合做到实时更新、求同存异②。

（二）困境与出路：贵州少数民族制度体系的生态转型

1. 少数民族的生态文化保护亟需纳入法治轨道

保护和传播贵州少数民族生态文化时，法治是核心，让生态文化建设更好地营造人与自然和谐相处的良好社会价值追求。法治作为当代社会最重要的社会治理模式，良好的法律制度是生态环境治理的有效依据。推动贵州少数民族传统生

---

① 刘解龙，黄诗颖，胡小艳，王爱娥．在生态文明建设上展现新作为［J］．湖南社会科学，：1-10．
② 李臻．浅谈新时代生态法治体系建设［J］．法制博览，2020（28）：40-41．

态文化的保护与传播，要发挥法治文化引导作用的关键，生态环保意识应与法治理念规范互为影响、相互交融，把传统习惯法概念融入到国家环保立法层面。严格执法是关键，一是建议执法人员提高生态环境保护的责任意识和担当意识。二是强化执法力度，对执法对象依法进行约束。三是加强协调配合，推进联防共治。贵州少数民族生态文化的保护与传播，在内容上，离不开法治文化的引领，法治文化可以帮助少数民族生态文化更加广泛传播，能够整合资源和引导民众，通过整合各少数民族的生态文化，可以发挥法治所具的适用性、规范性等优势①。

2. 遵循文化培养规律有序完善少数民族生态法制体系

不论是何种文化，其培育过程一定是漫长、循序渐进的，既要融合其他文化精华的部分，也要孵化出符合自身特性且满足指定人群需求的文化特性。贵州少数民族地区呈现"大杂居，小聚居"特征，不同村落的不同少数民族传统生态文化各不相同，但是归根本源都遵循"人与自然和谐相处"的原则，因此贵州少数民族法治文化的出发点应该界定为尊重并保护自然，基于自然法则制定法律法规，有序推进民族法治建设②。

贵州少数民族传统生态文化是在数千年的漫长培育过程中逐渐形成的，其自身是一个缓慢的动态发展过程。因此，贵州少数民族地区生态法治体系的完善应当遵循当地生态文化发展规律，采用循序渐进的方式，在长期的实践中不断改进和发展，最终被贵州少数民族族民认同。而且，一种新的文化从逐渐形成到人们自发地认同和践行，离不开文化自身精心培育的过程。这意味着，贵州少数民族地区的生态法治体系的构建并不是简单粗暴地提取少数民族传统生态文化的部分内容，而是有目的、精心地挑选，使得其经得起时间的考验。少数民族地区的现代生态法治建设一定程度上会与当地习惯法相冲突，受到当地族民的抵触。因此，更应该长期，有目的、有计划、有选择地进行文化交流与融合，实现少数民族生态文化的培育和保护。

---

① 张乾元，冯红伟. 习近平生态文明思想对优秀传统生态文化的传承与发展 [J]. 西北民族大学学报（哲学社会科学版），2020（06）：1-6.

② 小丁. 生态文明需要生态法治支撑 [N]. 昆明日报，2020-07-22（006）.

3. 民族生态法治文化的培育离不开少数民族人民的传播和扩散

少数民族地区生态法治建设离不开少数民族民众的积极参与，只有少数民族民众的参与实践才能将生态法治建设落到实处。因此，贵州少数民族地区政府部门应当明确少数民族民众的文化主体身份，认识到民族法治文化培育和保护的必要性及其与当地少数民族文化的密切关系，深入了解群众的需求和意见，通过各种方式，提升少数民族民众的有效参与，培养其文化认同感。在少数民族民众亲身参与法治建设的过程中，体会到生态法治建设的重要性。

少数民族民众参与的重要性贯穿生态法治文化传播和交流的始终，是一个"感化—凝聚—教育"的过程，首先应增强少数民族族民的文化认同感，并将其作为自身传统生态文化的组成部分，使得少数民族传统生态文化与生态法治建设传承后世，以习惯法和国家法相结合的形式，不断教育少数民族后代保护自然生态，塑造他们的文化自豪感和执行力 ①。

二、贵州少数民族传统生态文化中的习惯法变迁

在长期的生产实践中，贵州少数民族地区逐渐形成了适用于本民族内部的有关的经济、政治、文化的各项良性社会秩序，这种秩序也就是习惯法的一部分，生态文化中的环境习惯法包含：自然崇拜、村规民约、民间法、禁忌习俗等。深入挖掘贵州少数民族传统生态中的优秀的习惯法，能够为推进生态文化的保护和传播提供一定的价值导向和道德支撑。

要想更好地保护贵州少数民族地区的生态环境，在上层建筑的制度层面上，必须要对制度进行创新。要想构建良好的生态文明制度体系，必须要动态、科学地进行正式制度创新和少数民族习惯法变迁，要去除原有贵州少数民族生态文化中习惯法等非正式制度里有碍于现代生态文化制度创新发展和改革的阻碍。再通过生态文化正式制度的作用和引导，从而改造和演进传统落后的习惯法，推进生态文化制度的创新，完善制度体系。

---

① 谢秋凌.生态法治之实践维度［J］.思想战线，2020，46（03）：159-165.

（一）贵州少数民族生态习惯法的渊源

1. 宗教信仰

贵州省是一个多民族省份，在历史的发展中经过多次的民族迁移。在迁移、交流、融合过程中，以特定的自然环境和资源分配特征为主线形成了一套具有地域特点的生态伦理。这些生态伦理或多或少地隐含着传统文化的痕迹，具有明显的佛、道、儒以及原始宗教中的万物有灵思想的特征。与其他省市少数民族的宗教信仰中的生态文化不同，贵州少数民族人民大多信仰佛教，佛教的"众生皆平等""生命可贵"等思想对生态环境起着良好的保护作用，它肯定了一切生命存在的价值，人与自然界其他生命属于统一共同体。例如贵州的梵净山在生态文化的传播时融合了自身的佛教文化，梵净山的生态景观优美，佛教文化是梵净山的文化内核，梵净山在传播上可以把自身的生态文化理念和佛教文化相融合，如"天人合一""道法自然""心态决定生态""心境牵动环境"等理念早已深入人心。

2. 习俗禁忌

贵州少数民族族民在群山林丛间劳作中，在与自然生态的交往中逐渐形成了一种称之为"禁忌"的复杂社会文化现象，为了守护赖以生存的家园，他们世代相传禁止砍伐树木、捕杀动物、污染环境的民族禁忌，反映了他们尊重自然、保护自然的生态环保意识。贵州少数民族在山林的滋养中收获物质生产资料，为了感谢自然的馈赠，他们敬爱山林，与山林为友，民族生态禁忌维持着这种平等互惠的关系。瑶族惟妙惟肖的猴鼓舞、欢快紧张的赛陀螺、独具特色的禾仓和工艺品，充满了神秘和古朴的生态文化色彩。水族有与甲骨文相媲美的文字——水书，历史久远涵义深刻，至今仍为水族"鬼师"使用和传承，它以神秘的力量驱鬼逐疫，指导和约束着水族人的婚丧嫁娶、起房建屋、节日庆典，是水族文化和水族人世界观的集中体现。苗族人对动物的保护非常重视，他们每次外出狩猎，都要去祭拜山神。生态保护的禁忌习俗作为贵州少数民族传统生态文化中重要的一部分，随着少数民族社会的发展会不断完善，越来越适应现代的生态文化观。

3. 村规民约

村规民约是属于环境习惯法的一部分，村规民约是村民们生产生活实践中总结出来的规范，用来约束和强制村民遵守的目的，也是更好地服务于生产生活。在现代社会的变迁中，村规民约应与国家法律法规、国家政策、少数民族自治立法、少数民族村规民约之间相互融合创新，合力共进。

贵州少数民族的村规民约在传承上的媒介形式不一，有文字记载的如石碑、书本，也有没有文字记载的如歌曲、言传口授。如苗族就通过"埋岩"的方式来进行记录，侗族的歌谣中"先造山林，再造人群"的歌词，反应了侗族人民的可持续生态发展观，还有些少数民族会通过歌曲和歌舞来表达规约精神。苗族的"议榔"，侗族的"侗款"等，虽然每个地方的叫法不一样，但都是村落的相关条例规定。这些习惯法中的环境习惯法对保护生态非常有帮助，需要在国家和地方的政策法规基础上进行强化完善并协调，让村规民约的环境习惯法更加合理的实施。

（二）少数民族习惯法的价值协调促进贵州少数民族生态文化保护传播

贵州少数民族地区法治建设关键是协调好各方面社会关系和社会成员行为。首先，可以通过加强对贵州少数民族生态习惯法的理念宣传等方式，促进民众将生态文化发展理念作为一种新的生活时尚看待，从而巩固原有的生态文化发展的非正式制度。其次，要发挥好贵州民族地区中生态文化发展做得较好的部分地区，使其发挥"领头羊"的作用，分享成功经验，带动其他地区共同成长。最后，政府需为完善少数民族生态习惯法的完善和发展提供必要的客观条件，为民众自行实践生态文化发展理念创造条件①。

---

① 盛辉，顾文斌. 少数民族习惯法的国家法功能调试价值探析——基于非正式制度视域[J]. 广西民族研究，2017（02）：23-30.

1. 国家制定法和少数民族习惯法相协调

随着时代的发展与变革，贵州少数民族地区的环境习惯法与国家制定的环境保护法之间存在不可避免的矛盾，同时也存在着互相契合的一面。如何辩证实现二者良性互动，最大程度统筹好贵州少数民族地区的社会发展和利益协调，关键还是在于国家正式制度要为国家法和民间习惯法提供可以交流互通的桥梁和渠道。应高度重视和有效发挥环境习惯法对于贵州少数民族地区生态环境保护的价值引导作用，推动贵州少数民族地区法治建设与解决传统生态文化发展传播的现实问题①。

国家法一般有两个办法融合来习惯法，一种是吸收和汲取习惯法中合理积极的内容，把习惯法的部分依托于国家法，在执行时更加规范化和秩序化，更有必要的是以司法解释的形式对生态文化类行为进行补充和规定，把在立法阶段无法体现的习惯法内容在司法阶段进行补充。另一种是吸收、采纳民间环境习惯法的程序和方式，环境习惯法是村民在生产生活实践中逐步形成的处理问题、解决纠纷的规则和原则等，它体现着村民在生态环境保护过程中趋利避害的选择，就生态保护而言是人与自然最佳的和谐相处状态。解决它程序的问题很简单，无非就是以提高效率、减少成本为出发点。

2. 法治进程中不断增强习惯法的价值适应性

环境习惯法规则和国家法的内在社会规则是需要我们在社会生产生活中做到理性遵守，少数民族习惯法主要通过精神约束人们的行为。国家法和习惯法的融合是在国家和地区允许的范围平衡好个人和整体利益，实现制度和精神层面的约束，从而实现环境保护。贵州少数民族环境习惯法在有些方面与国家法在生态价值观的取向上几乎一致，在新时代依法治国背景下，少数民族环境习惯法依旧没有落后或被抛弃，很多有关生态环境保护的习惯法依旧有当代的价值。如巴沙村的村民敬畏古树这一习惯，代代流传，并会刻在石碑上，竖立于村寨中，不破坏古树渐渐形成规范。贵州少数民族环境习惯法能长期发挥村寨环保事务治理中的

---

① 庞锋. 少数民族习惯法与国家制定法的冲突与调整［J］. 贵州民族研究，2016，37（04）：22-25.

社会功能，应用于少数民族村寨的生态基础设施、自然资源、环境和矛盾纠纷等方面的管理。少数民族生态习惯法是民族文化、意识、心理中关于生态环境保护内容的沿袭，仍在发挥着它的时代价值。

3. 以法治理念强化社会治理中习惯法价值的发挥

全面贯彻落实实现依法治国，能够助力少数民族地区习惯法的价值发挥。法治的根本就是使良好的法律制度得到善治，少数民族地区法治目标的实现与法治理念的增强需要完善少数民族习惯法价值体系，而少数民族环境习惯法的发挥也需要法治理念的保驾护航。因此，少数民族地区的法治建设应当充分吸收借鉴少数民族当地的民风习俗，例如在精神和物质上的奖惩规定。少数民族环境习惯法的地方性和独特性特点决定了少数民族习惯法与国家制定法并不会完全一致，因此两者需要相互借鉴，相互融合，将少数民族习惯法中的合理部分纳入国家法之中，以法治理念强化社会治理中习惯法的价值发挥，使得少数民族习惯法内涵更新，更好发挥其作用。

4. 法治实践中以群众的广泛积极参与增强习惯法的法律实效

少数民族环境习惯法作为少数民族法律体系重要组成部分，对于少数民族地区的生态保护和经济建设有着举足轻重的作用。对于少数民族民众来说，环境习惯法是他们在无数个日日夜夜与自然生态的相处中逐渐形成的，而国家法对于他们则比较陌生。为了解决贵州少数民族地区习惯法与国家法的矛盾，必须通过号召少数民族群众积极参与、民主决策等社会管理的方法，进而强化贵州少数民族群众的公民意识和集体认同感，意识到国家、社会、少数民族整体利益和个人利益是共存体，在行使民族自治权利的过程中促进本民族习惯法的完善。贵州少数民族环境习惯法的完善能够提高少数民族族民的生态保护意识，与国家法相协调、配合能够共同推动少数民族地区生态文明建设，为法治现代化建设和少数民族地区的国家认同感提供坚实的基础。

第四节　物质升级——促进生态文化产业平稳转型

当前贵州经济发展方式由高速增长转向高质量发展、由粗放发展模式转向绿色发展模式并加快产业结构绿色生态转型迫在眉睫。结合贵州少数民族地区自然生态环境特色与经济社会发展特点，以产业结构优化调整和生产生活方式转变为核心，加快少数民族地区生态基础设施建设和生态人才的培养。推动经济发展和生态建设并举，脱贫致富和提高生态环境质量有机结合，构建绿色循环、低碳环保的生态文明建设的空间支撑体系、经济运行体系、资源循环利用和环境保护体系。推动贵州少数民族地区经济稳定健康发展，为贵州少数民族传统生态文化的保护和传播提供物质基础①。

一、贵州少数民族物质方式对生态文化发展的制约

与全国其他省、市、自治区相比，贵州的自然生态环境对于发展生态经济有着较大优势。但是贵州经济发展方式和产业机构尚存在一些不足之处，体现在历史和地理环境原因导致贵州经济发展相对较落后，少数民族地区大多还处于原生状态，产业结构方面主要以传统农业为主，第三产业发展落后。近年来，人口的增长速度与少数民族生产力发展水平的矛盾造成少数民族地区自然生态环境遭到部分破坏。

现代生态文明建设是推动贵州少数民族传统生态文化的保护与传播、促进经济平稳发展的必然选择，离不开良好的生态环境。未来，贵州少数民族地区应探索出一条生态、绿色的物质生产方式，在经济生产的过程中不断修护、保护、美

---

① 汤晓丹. 少数民族地区农业产业结构调整的问题及对策研究——以贵州省三都水族自治县为例 [J]. 安徽农业科学，2012，40（01）：524-526.

化自然生态。实现经济又快又好发展与自然生态保护相统一，在工业文明的基础上构建更高层次的生态文明。

二、贵州少数民族地区物质生产方式转变路径

贵州少数民族地区特殊的地理环境形成了以农业为主的产业结构体系，为实现贵州少数民族地区经济、社会的可持续发展，应调整产业结构，大力发展第三产业，加强生态基础设施建设，推动建设少数民族生态文化的保护和传播的物质基础。

（一）调整产业结构，推进生态经济建设

产业结构作为衡量一个地区经济是否发达的重要指标，也是促进地区经济进一步发展的前提。为了推动贵州少数民族地区经济快速发展，应积极调整产业结构。

1. 大力发展少数民族地区旅游产业

旅游业是部分少数民族地区经济发展和居民收入增长的主要推动力量。贵州凯里西江千户苗寨作为中国最大的苗族聚居村寨，借助自身少数民族文化优势，大力发展旅游业。通过打造旅游精品线路、制作文旅周边、提高服务水平等措施，在保护苗族文化基础上发展经济。发挥苗族建筑、服饰、银饰等文化优势，将当地苗银制作传统与旅游业相结合，将苗银打造为具有民族特色的商业品牌，开发苗银制作参观、体验的活动，将手工业与旅游业相结合，促进两者和谐发展。此外苗族特色歌舞表演可以作为旅游活动的文化娱乐部分，既保护了苗族歌舞表演，又使这种文化成为经济创收点。

因此，发展壮大贵州少数民族原生态旅游产业，应加大外资引进力度，加强行业管理，建设游客资源共享机制。利用抖音、快手、小红书等年轻化的社交平台加强宣传和营销，开拓国外市场，提高旅游市场竞争力。

2. 加快第三产业发展，促进消费结构升级

贵州少数民族地区政府积极响应国家的相关政策，在国家扶持政策的支持

下，统筹服务业发展。对于优势转型产业应当给予财政补贴，因地制宜发展旅游、文创、现代物流等生产性服务业，弥补贵州当前产业结构不合理的不足。

此外，贵州少数民族地区可以依托长江经济带的发展平台，引进高新技术产业，优化产业结构。近年来贵阳市相继获批"国家火炬计划软件产业基地""国家知识产权示范区""国家大数据综合试验区"等国家级示范基地，当地高新技术产业飞速发展，将逐渐辐射周边少数民族地区。贵州省应当发挥少数民族地区的人力、地域优势将高新技术产业向少数民族地区倾斜，如坐落于黔南布依族苗族自治州平塘县的"中国天眼"，带动了当地旅游业的发展，进而推动当地经济的发展。

（二）依托少数民族地区优势，促进传统农业向现代农业转变

1. 调整种植业结构，大力发展生态农业

贵州省 80% 面积是喀斯特地貌，不具有生产优势。因此，应当在保障粮食安全的基础上，种植收益较高的经济作物，重点发展茶叶、烟草、油茶籽、中药材等优势农副产品。在此基础上大力发展发展生态农业，重点推广农田优化模式，强化耕养轮作，因地制宜发展特色农业；发展生态林业，推广林果立体种养；发展生态养殖模式，将畜、禽、渔等养殖有机地结合起来。如黔南布依族苗族自治州三都水族自治县的牛皮山和铜马山天然草场面积大，用以发展以牛、鹅、鸡为重点的生态食草养殖业，增加了农民和地方财政收入。同时积极开发具有当地特色的名特优产品，如柳源土鸡和黔南草鹅等，大力发展生态养殖，提高规模效益①。

2. 加大对农业的支持力度，加强农业和农村基础设施建设

农村基础设施落后一定程度影响了贵州少数民族地区的经济发展，当地政府应当积极争取财政补贴、吸引外资，加强水利、道路、网络、广播电视等基础设施建设，增强农业综合生产能力，改变少数民族地区偏僻、落后、封闭的状况，

---

① 郭芹．基于后发优势实现贵州产业结构调整优化 ［J］．理论与当代，2014（02）：30-31.

提高少数民族百姓生活质量。此外，应当成立由政府、农业技术人员、村寨两委组成的农业发展领导小组，围绕农业产业经济发展目标，积极抓好项目引进与落地，带动和引导群众发展现代生态高效农业。

（三）加强贵州少数民族地区基础设施建设

生态基础设施一词最早见于联合国教科文组织的"人与生物圈计划"（MAB）。在其1984年的报告中提出了生态城市规划的五项原则：生态保护战略、生态基础设施、居民生活标准、文化历史的保护，将自然融入城市①。加强贵州省少数民族地区基础设施建设上，从以下几个方面展开。

水利基础设施包括贵州少数民族地区小型农田水利设施建设和维修养护，小型水库、堤防维修养护；农村河湖管理等。生产生活基础设施建设包括贵州少数民族居住环境整治，特别是村寨生活垃圾污水处理设施建设；村寨厕所粪污集中处置建设；村容村貌提升和运行维护设施建设；废弃村庄和危房拆除；灾毁、水毁村寨小型基础设施恢复重建；少数民族村寨内主干道路铺修等。文化旅游基础设施包括：贵州少数民族文化旅游景区景点与通乡、通村主干道连接道路路基建设；景区内的道路及公共卫生设施、垃圾污水处理设施、绿化工程等配套和附属工程建设等②。

（四）加强生态文化传播的教育保障和人才支撑

1. 推动贵州少数民族地区生态教育发展

贵州省少数民族地区应当加大传统生态文化的宣传力度，增强少数民族民众的文化认同和文化自信。在教育宣传方面，面对多元文化要提高贵州少数民族青少年的文化认同感和自信心，使得"生态文化保护"内化于心，并最终外化于行动并不断传承。在教育的方式方法方面，充分利用好贵州少数民族地区的村寨

① 屠凤娜. 国内外生态基础设施建设实践与经验总结 [J]. 理论界，2013（10）：63-65.

② 谢秋凌. 生态法治之实践维度 [J]. 思想战线，2020，46（03）：159-165.

自治组织，发挥习惯法的约束作用。举办"生态文明进村寨"等生态文化宣传活动的面对面交流会议。另外，更应该充分发挥多渠道的宣传，利用 5G 时代的传播便捷优势，构建新媒体矩阵，通过多种方式展开生态环境的知识传播。加强贵州少数民族传统生态文化对外传播力度，将其保存至互联网空间之中，在加强贵州当地群众对自身文化认同的同时，增强其传统文化的影响力和知名度。

2. 引进新型人才，夯实生态文化建设

随着贵州省少数民族生态文化的不断发展，对人才的需求特别是对生态人才的需求将会逐步凸显，各地区人才供需之间的矛盾也将日益突出。因此，需要构建一个合理、科学的人才支撑体系来推进贵州生态文化建设。

当前，贵州少数民族在生态文化传播的趋势下，面对着新形势、新任务，所以培养一支高水平、多角度、实践型的宣传推广、传承的人才队伍十分关键。大力引进各种创新型的"高精尖缺"领军人才，如生态环保人才、生态农业人才、绿色工业人才等，提高各自治地方人才的管理水平，为构建人才支撑体系指明方向。

贵州少数民族地区地方政府应将重视培训机制的建立与实施，提上重要的位置。建立分层级、分时期、分类别、固定化、长效性的培训机制。建立以政府为主体，多元投入的工作机制，为人才的发展设立相应的资金，并为人才创新工作提供强有力的支持。

| 第二章 |

中观层面：推进生态文化产业智慧转型

在大数据、人工智能等数字技术兴起的背景下，要全面推进贵州省少数民族传统生态文化相关产业的数字化和智慧化转型，优化产业布局，进一步促进贵州少数民族传统生态文化开发与传播。以生态文旅、文化创意、电子商务三大产业为核心，打造互为一体的产业体系，促进休闲生活、精神生活、物质生活为一体的功能体系构建，探索生态文化产业智慧化转型路径。

第一节　挖掘生态文化多元资源，打造特色文旅产业

文旅融合发展是党和国家提出的重要战略规划，当前国内旅游产业发展趋势正逐步转向文旅融合，而生态文化和生态旅游的融合发展是文旅融合在可持续发展层面的重要实践。

贵州省是世界上喀斯特地貌发育最典型的地区之一，其中不少溶洞有"中国之最""世界之奇"之称。贵州省又是一个少数民族聚居的省份，少数民族数量居全国第二，多民族风俗习惯与不同地域文化基因在历史发展中不断碰撞、融合，逐渐形成贵州少数民族地区独具特色的生态文化，在建筑风格、饮食文化、婚丧嫁娶、服饰图样等各个层面都体现着多民族文化的交织融合及人文底蕴。得

天独厚的自然奇观与少数民族质朴风情相结合，成为贵州省少数民族地区文旅开发的重要资源，构成贵州省特有的文化旅游环境。

一、五位一体，引领生态文化传播新方向

贵州是国家生态文明试验区，是国内著名的旅游大省，天然奇特的自然景观和少数民族地道的风土人情吸引着众多游客，经过多年的持续发展，贵州已经形成众多综合旅游区和特色旅游区、国家级旅游景区，多条精品生态文旅线路以及特色文化品牌，已成为贵州少数民族生态文旅的亮点。但部分旅游资源的挖掘深度和力度仍存在不足，更加注重自然景观的开发，对于戏剧曲艺、舞蹈音乐、风情民俗等软文化的传播和推广仍具有较大的开发利用空间。只有将独特的少数民族生态文化和奇特的自然景观相结合，才能发挥贵州省旅游资源的最大价值，是保证贵州生态文旅产业可持续性发展的核心。

针对贵州省少数民族传统生态文化旅游发展现状，综合其区位发展优势和特色，提出"融合、特色、智慧、热点、创新"五大发展方向，对打造智慧型生态文旅具有引领性（图3-1）①。

"融合"是打造智慧型生态文旅的首要任务，要以保护和传承贵州省非物质文化遗产和技艺为重要立足点，深入挖掘和探寻贵州省非物质文化遗产和技艺的历史底蕴与生态文旅的契合点，实现二者高度融合和协调发展，并为传统生态文化赋予新的时代意蕴，促进贵州少数民族传统生态文化在当今社会中更好的传承和发展。以非物质文化传统手工艺为核心，策划手工艺人与游客的互动，通过自制 DIY 等尝试增强游客参与感；将传统手工艺运用于现代产品，加入现当代元素相融合，形成独具特色的文创产品，实现"生态文旅+非遗技艺"的融合发展模式。

"特色"主要是在充分挖掘贵州省少数民族传统生态文化的基础上，增加旅

① 杨艳红，李根潮，蔡意茹，周庆．天津智慧型生态文化旅游发展策略研究［J］．城市发展研究，2020，27（02）：18-23.

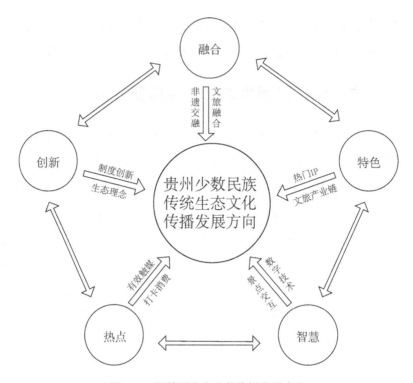

图3-1　智慧型生态文化传播发展方向

游者参与体验项目，策划一系列体现民族特色的主题活动。例如，现场学茅台酒酿制，体验丹寨苗族蜡染工艺，模拟布依族查白歌节活动等，都可让游客切身感受地方生活习俗；整合贵州省地方戏剧文化、茶文化、影视文化等独具特色的文化内容，结合鬼屋、剧本杀、密室等当下年轻人喜爱的娱乐形式，精心打造实景文化游戏场景，系统规划集"研发、生产、传播、销售"于一体的贵州生态文旅平台产业链，打造文化旅游网红打卡IP，推出富有浓郁民族特色的、强参与性的、学习娱乐一体化的修学旅行。

　　"智慧"是生态文旅持续发展的必要手段，当下大数据、虚拟仿真、人工智能、5G、VR、AR等新兴数字技术迅速发展，在各大领域广泛尝试和应用，在未来"智能+文旅"是必然趋势。借助数字技术完善贵州省旅游生态景区基础设施建设，打造数字化智能服务体系；借助大数据技术深入挖掘用户需求，实现宣传广告、营销软文等的精准推送及精准营销；利用AR、VR、三维虚拟沉浸技术深入打造高效、高交互的旅游场景，真正实现"低级观光游"到"高级度假游"的转变；以数字技术为支持，不断提升文旅产业链运作效率，促进新一轮的消费升级。

"热点"是快速吸引游客关注、增加流量的方式。要关注并合理结合时下最流行、最具关注度的热点话题和热点事件，模仿打造生态文旅网红打卡地点；同时深入挖掘贵州省少数民族生态文化的历史底蕴和"网红潜质"，打造独具特色的网红景点，融入最真实动人的文化内涵和历史故事，打造一系列"特色打卡"旅游项目，形成新的网红打卡地，促成"打卡消费"新态势。针对不同年龄段游客媒介使用习惯，综合运用微博、短视频、直播、vlog等新兴自媒体媒介，借助 KOL 影响力传播贵州少数民族生态文化，全方位引爆用户旅游需求，激发线下打卡欲望，打造成为和西安、成都、云南相媲美的超级网红城市。

"创新"是生态文旅持续发展的核心动力，不仅体现在旅游景点和线路的创新上，还体现在理念创新和制度创新。要紧紧围绕生态文化保护和传播的基本原则，以可持续性发展为目标，以"生态文化+生态旅游"为方式，遵循保护为主的生态理念，充分挖掘贵州省少数民族传统生态文化的历史内涵和文化底蕴，发掘自然景观的生态价值和应用价值，不断完善生态文旅市场机制，优先发展具有民族特色的全域生态旅游，积极联通政府、企业、高校、研究机构等主体，谋划产学研一体化的发展思路。在生态效益和经济效益发生冲突时，积极寻找二者之间的平衡点，始终以生态效益为重心，不断完善生态文旅经营管理理念和运营制度。

二、乡村振兴，打造生态文化特色小镇

近年来，全国积极贯彻落实乡村振兴战略，城市化进程不断推进，人们对于原生态旅游地更加憧憬和向往，借此趋势，各具风格的生态文旅特色小镇不断涌现，蕴含的历史文化底蕴和地方风土人情使其发展充满活力，稳步向前，逐渐形

成生态宜居、产业互动、优势产业带头为主要特征的特色小镇发展趋势①。特色小镇建设是传统生态文化传播的重要路径，特色小镇的培育和发展已经成为各省区经济发展的一股新生力量，从各省份特色小镇建设的探索实践来看，打造独具特色的特色小镇对催化旅游经济、传播地方文化都具有重要意义。建设特色小镇的关键就在于打造"特色"，只有在自然景观、风土人情、饮食特色、文化底蕴、建筑风格等方面有与其他城市相区别的独特之处，才能保有持久的生命力和活力，脱颖而出赢得受众青睐。贵州省少数民族地区生态文化旅游资源丰富，原生态的喀斯特自然景观与少数民族地区特有的风土人情都极具代表性，为打造特色小镇创造了良好的现实环境。

贵州非物质文化遗产众多，从手工技艺到戏剧曲艺均独具特色，要发挥贵州省少数民族生态文化底蕴和传统工艺优势，深入挖掘非物质文化遗产的历史文化底蕴，重塑贵州地方和非物质文化之间彼此促进协同共进的关系。构建民俗文化博物馆，在保护传统生态文化和民族习俗的基础上促进文化传播，使游客、村民和自然之间的互动得以实现，使得特色小镇成为开放的生态博物馆②。例如，贵州省丹寨万达民族风情旅游小镇打造就十分成功，在保护和传承非物质文化遗产民俗文化的同时，注重用户参与体验，吸引了众多游客。以此为借鉴，在贵州省内可以根据各村落特色相应的开发更多文旅特色小镇。

贵州省以茅台酒为代表的酒文化闻名在外，被广泛用于养生、社交，同时也是贵州酒文化的缩影，常作为礼品赠送，间接对贵州传统生态文化进行传播。在贵州少数民族地区饮酒，伴着少数民族的歌舞，可以领略到别样的酒文化，品味到独特的风土人情。以茅台酒生产制作为核心打造"酒"主体特色小镇，重点打造茅台特色产业链，在该小镇中汇聚茅台酒原材料产地种植、酿酒工坊酿制、原酿分装、包装分销等一系列产业链中的各个环节，每个环节都对外开放，在向

① 周智雅. 浅谈大数据背景下贵州特色小镇发展 [J]. 现代营销（信息版），2019（11）：172.

② 陈伟伟. 浅析重塑地方文旅特色小镇规划的创新策略 [J]. 建材与装饰，2019（33）：98-99.

游客展现茅台酒酿制过程的同时，增强对游客对茅台酒产品安全的美誉度和信任度。在参观各环节的基础上，可开设自酿茅台体验活动，增强游客参与感，游客自酿的每瓶茅台酒都打上编号封存，酒酿完成后可以邀请游客再次来到特色小镇开封品尝，也可提供物流前置服务，提前登记地址，在茅台酿造好之后邮寄给游客，提升游客服务体验感。

红色文化是中国共产党长期革命历程的结晶，是独具中国特色的传统文化基因，历史底蕴丰厚，贵州省遵义市是红色文化的代表地，其文旅开发价值极高，对传播和重塑文化自信具有重要意义。将遵义市打造成为红色文化旅游小镇，带领游客体验共产党革命时期的艰辛和伟大，重走红军长征线路，融合地方文化，深入体会贵州省的风土人情，进一步传承红色文化基因。深入挖掘遵义红色文化的深层次内涵，将原始生态风光与红色文化相结合，融入长征文化、酒文化、茶文化、民族文化等打造遵义地方红色文化品牌。

文旅小镇能否成功的关键在于核心定位，在打造网红打卡地点的同时，形成独具特色的网红 IP，并以此 IP 主题为核心定位进行周边配套设施建设，营造主题情境，满足游客个性化需求和互动性体验，提高文旅小镇的竞争力。

三、技术赋能，重塑智慧型生态传播基石

贵州少数民族生态文旅开发以来，不断完善旅游景区和配套基础设施建设，覆盖星级宾馆和农家乐等住宿条件和进山公路、停车场建设、景区民房整治、景区游览步道等景区周围基建项目，但与其他省份景区建设差异不大，需要在民宿、基础建设等方面融入贵州少数民族生态文化元素与内涵，增强特色资源服务，提升独特性与融入感。随着知名度的提升，众多游客选择在五一、十一假期以及重大节假日期间来贵州休闲放松，体会少数民族风情，但景区承载和接待能力有待提升，标识导航系统、步道建设等基础建设不完善的缺陷被放大，导致了游客旅游体验欠佳，直接影响文旅经济发展。

近年来，AR、VR、人工智能、虚拟仿真、区块链等数字技术方兴未艾，在未来的生态文化保护传播和生态文旅行业发展中，新一代信息技术必将扮演重要

角色。如何将快速发展的新兴数字技术应用于基础设施建设和便民服务提升，是贵州省生态文旅规划亟待考虑的问题。通过大数据技术，精确发现目标受众和潜在受众，并对其进行群体画像，在此基础上挖掘其核心诉求，在个性化旅游需求的深度了解下，设置符合游客年龄、职业、喜好、收入等情况的针对性产品，再结合 AI 三维导览、智能服务机器人、移动支付等智慧化应用产品，提升用户体验，实现精准营销①。

完善贵州省内各景观解说系统和景区指示系统，构建便捷、智能化解说交互界面和细致、精确化引导交互视图，借助 VR、AR 技术构建三维立体化现实指引，为游客推荐和指引景点参观路线，规避高峰人群，提升游客自助式旅游幸福感，致力于高质量旅游体验；利用 RIS 遥感技术、GPS 定位技术、RFID 技术等构建贵州生态文旅智能系统，游客可在系统中查询自己所在位置以及景点具体位置，规划游览路线，还可用于藏品管理、景区环境监测等应用场景；并建立高效数字化答疑通道，使游客可以轻松查询各类信息。

在"新冠疫情"的反向催动和 5G 技术的正向驱动下，"云旅游"一时成为热潮，迎来新的发展机遇。通过大数据技术采集全域场景数据并构建云端数据库进行数据存储，基于数字孪生技术构建贵州生态全景系统，结合 VR 技术建设数字博物馆、数字化景区，开创"互联网+"线上文旅发展模式；结合 AR 技术还原历史场景，打造沉浸式体验，让游客切身感受贵州少数民族传统生态文化；利用 MR 技术，开发真人实景互动游戏，开创线上"文旅+研学"新体验。

对于贵州省少数民族生态景域核心保护区内的建筑物重建和再造，要尽量保证其形态、色彩等要素对历史的还原，可借助对抗式神经网络 GAN 技术，在风貌布局和古建筑全景或局部图像的深度学习基础上，提取古建筑深层艺术特征，进而通过特征数据图像提取、图像边缘去噪增强、目标图像分割等方法对其建筑图像缺损部位进行精准识别和再生成，进而综合运用三维激光扫描技术、点云技术、BIM 技术、虚拟现实技术等技术对其进行三维立体重建，指导实际修复

---

① 李凤. 文旅行业要用好新一代信息技术［N］. 中国旅游报，2020-03-09（003）.

工程。

利用区块链技术构建全新的文旅平台和良好的文旅生态，直接链接游客和服务方，整个文旅产业链上、中、下游数据均存储在云端，所有的消费者评价和交易记录都不可以篡改，可实现所有服务和产品的追踪溯源，通过该系统，所有获得游客好评的服务、产品、行为等都记录在案，评定星级，供服务商、游客参考。

第二节　汇聚生态文化特色元素，拓展品质文创产业

近年来，生态文明建设逐渐成为全球各个国家关注的领域，其中生态文化创意产业是生态文化建设的重要组成部分，生态文化创意产业正逐步成为新的经济增长点，大力发展具有重大意义。从经济视角看，发展生态文化创意产业有助于增加居民收入，提升贵州少数民族区域经济水平；从美学视角看，发展生态文化创意产业有助于现代与传统生态文化在特定历史时期的耦合，将满足人民更高级的审美需求；从生态视角看，发展生态文化创意产业有助于反哺生态文化保护与传播，促进生态平衡与可持续发展。

要大力发展贵州生态文化创意产业，以可持续发展的生态文明理念推动生态文化创意产业发展，研发低碳环保的生产工艺，开发生态主题文创产品，打造生态文化 IP，建设生态文化园区，逐渐扩展成熟的商业布局。

一、深挖特色，精准把握文创产品切入点

旅游文创产品是旅游经济和文化创意产业迅速发展背景下的产物，它的属性包含旅游纪念品与文化创意产品，是贵州少数民族生态文化的浓缩和微观体现，是传播贵州传统生态文化的重要途径和直接载体，购买纪念品也是旅游行为中的重要一环。

目前贵州少数民族地域各个景区内，文化创意旅游纪念品琳琅满目，但仍存在很多问题，或价格与质量不匹配，或粗制滥造、同质化严重，对于文创产品的包装过于商业化，缺乏文化底蕴的体现，如苗族的银饰品样式过于雷同，与其他民族的银饰制品差异不大，并未体现贵州少数民族工艺的独特性，真正能够称之为艺术的纪念品少之又少，或者价格高昂，无法得到游客青睐，直接影响贵州生态文化形象的塑造。要开发具有浓厚贵州地方特色的旅游文创产品，才能发挥旅游纪念品的最大价值，使文创产品成为贵州文化传播和文旅生态的一部分。

要遵循天人合一、和谐共生的生态文化理念，建立文创产品与消费者、旅游地、自然环境之间的和谐共生关系，文创设计应该从生态环境的大范畴思考产品与人、环境之间的融合性，把握生态文化理念与文创产品的内在联系，优质的文创产品应当具备更高的创新性和融合性，不能脱离产品的独特性诉求和实用性需求，基于此理念的文创产品能以更自然的方式将文化带进人们的日常生活中，在满足消费者多方面需求之余顺应时代需求。

贵州少数民族文创产品开发设计的本质切入点就是深入挖掘贵州少数民族的特色文化，在结合贵州少数民族地域文化特点的基础上，从贵州少数民族传统生态文化相关的精神文化、物质文化、饮食文化、环保文化、民俗文化、生产文化等维度以及贵州少数民族传统生态文化的书籍、文献、绘画、音乐、古迹等载体中挖掘典型的特色文化元素，对其相关信息提取加工，并与下游产业合作，将生态文化与游戏、生活日用品、旅游纪念品、App 等融合，创新文化创意产品形态，在优质品牌故事上开发设计具有贵州当地少数民族文化韵味的特色周边产品。例如从计算机虚拟现实视觉交互的角度，运用深度学习技术挖掘贵州少数民族服饰、图腾等传统图样深层特征，利用大数据技术和 DBSCAN 等算法提取民族传统色彩特征，将其色彩自动组合形成配色卡，供设计师研发独具贵州少数民族特色的文创产品借鉴。

产品设计的主要动力来源于现代生活中人们对产品功能与便利的需求，旅游文创产品设计自然属于产品设计的大范畴，也应走进人们的衣食住行中，考虑产品美观性、实用性、收藏性需求。从日常生活用品出发，可以将贵州省喀斯特地貌特色景观及元素与书签、便签、名片架、回形针、笔筒、尺子等日常办公文具相结合，进行整套文创产品的设计，将贵州少数民族风情复刻在木质书签上，体现产品质感的同时传达喀斯特地貌的坚毅品质；将黄果树瀑布等景观一角融入构思，设计一组异形笔筒和尺子等文具，在保留相关外形元素的同时融入笔筒的收纳功能和尺子的测量功能，在实用性之外更具美观性。基于贵州少数民族特色景观及风土人情，采用手绘风格，融入剪纸或木刻等手工艺方法，设计整套文化明信片，将黄果树大瀑布、织金洞等自然景观和喀斯特地貌等场景描绘复刻；融合少数民族图腾、戏剧曲艺形象、建筑艺术等，设计整套文化衫、礼品袋、抱枕等实用性极强的文创产品。将贵州少数民族生态文化形象融入产品之中，既满足消费者的审美需求，也满足消费者对功能的需求，同时在使用产品过程中激起消费者的旅行回忆，实现旅游文创产品与消费者的和谐共生。

二、善用创意，着力塑造特色生态品牌 IP

文创产业发展的核心是精妙的创意，在充分挖掘、保护和弘扬贵州少数民族传统山水、民族风情、人文特色等生态文化的同时，破除对现有资源的过度依赖，推陈出新，创新生态文化载体，广泛汲取自然、生态、景观的生态内涵和文化创意元素，开发体现贵州少数民族生态文化丰厚底蕴的特色生态品牌。品牌是一种文化积淀，塑造特色生态文化品牌是贵州少数民族生态文化形象、价值传播的有效路径，要具有前瞻性的战略眼光，利用差异化战略占领并稳固市场份额，打造受众青睐的百年老字号文创品牌。

品牌 IP 形象在品牌价值观与品牌文化传播中扮演着重要的角色，IP 形象作为一个品牌内核与价值观凝聚精炼和具象化后呈现的视觉符号，本身就可以作为品牌本身的代名词参与到品牌传播当中去。而作为在互联网时代发展壮大的新传播概念，IP 形象天生地适应互联网大背景下的多样的、新兴的传播渠道，并且以多变的形式和相较于广告来说更加令人接受的消费者印象成为互联网时代品牌营销中相当重要的部分之一。

在贵州省少数民族生态资源中提取百姓喜闻乐见的题材，选取多样化主题内容，大力开发表现贵州少数民族生态主题的电影、手游、纪录片等，传达贵州少数民族地域原生态的自然景观，以及人与自然和谐相处的友好生态关系，从传统生态文化中提取典型要素设计具有贵州少数民族风情的 IP 形象，例如黔西南州城市品牌"贵州龙"IP 形象，将贵州传统生态文化带向世界各地，这才是旅游文创产品与旅游地和谐共生的良好体现。

贵州少数民族传统生态文化品牌衍生产品设计，要将少数民族文化的特色元素，诸如民间流传的故事、风俗人情、历史人物传记、地方传统手工艺和地域风貌等进行产品设计开发和品牌构建，宣传贵州少数民族传统生态文化，将文化借由品牌的力量进行信息的传播，并根据当代年轻人的媒介喜好以及文化接受习惯，将传统生态文化与新媒体科技创新等融为一体，尝试品牌 IP 衍生产品的开发。例如贵州省现有知名品牌"多彩贵州"，应在现有发展基础上丰富"多彩贵州"区域文化形象的品牌内涵，提升品牌影响力，助力"多彩贵州"形象传播，倾力打造"多彩贵州"文化品牌向专业化、系统化、产业化发展。

文化创意产业品牌化特征日益凸显，是文创产业长远发展的有效途径，也是提升地域产业知名度的重要路径，要结合自身的特点，在品牌名称、logo、标语等可视系统以及品牌理念等非可视系统形成品牌记忆点，提高品牌在同类产品中的辨识度，结合多种营销策略，将品牌形象烙印在消费者心中；明确品牌定位，深入挖掘贵州少数民族自然资源以及人文资源特色，挑选其中最具代表性的品牌文化符号及象征物，设计相关文创产品，研发品牌拟人化卡通吉祥物，吸引年轻消费者的同时，增强品牌辨识度和记忆点，形成独特的竞争优势。

三、汇聚资源，整合打造文化创意产业园区

文化创意产业园区建设是文化创意产业发展中的一个重要的类型，对推动文化创意产业的发展有着重要的作用，以低碳、环保、可持续发展的生态文明建设理念推动文化创意产业特色园区建设，正成为文化创意产业发展的重要领域。

贵州文化创意产业园区建设的核心是汇聚贵州少数民族地域特色和民族象征的一系列多功能定位的产业，贵州省现已建有多个文化产业园和产业基地，在此

基础上进行产业园建设升级，依托贵州少数民族自然景观、民族风情、文化底蕴等传统生态文化资源优势，因地制宜，利用旅游产业优势、工业优势进行文化产业园区的协同共建，实现基础设施共享。

将现已建设较为成熟的黔西南民族文化产业园建设成为示范园区，为其他文化创意产业园区提供借鉴。在园区建设风格上凸显该地域世居少数民族特色，加入少数民族传统生态文化元素，并设置非世居少数民族展馆，在功能分区中要包含民族图腾、民族服饰、非物质文化遗产等展示区；开设传统手工艺、民族歌舞戏剧等技艺学堂，让游客可以参与体验；招揽民族特色餐饮商贩，形成特色餐饮品尝街区；开设文创产品展示及销售区等，促进贵州少数民族传统生态文化的传承与传播。

文化创意产业园区建成并非一劳永逸，还要做好后续运营维护和管理工作，完善产业配套基础设施建设，搭建文化服务平台，根据所建设的文化创意产业园区资源主题、陈列内容、功能定位等专业划分进行差异化管理，增强园区管理的专业度和竞争力，目前主要划分为孵化创意型、文化旅游型和物流会展型三类①。

对于孵化创意型产业园区要将贵州少数民族传统生态文化元素与现当代流行元素进行融合，通过元素重组和嫁接为其注入新的时代意蕴，焕发新的活力。在文化创意产业园区功能分区上，要充分考虑贵州少数民族传统生态文化中休闲惬意、轻松自由等内涵和诉求，以文化和创意为主题，聚集主题餐厅、咖啡厅、书吧等休闲场所；文创产品研发工作室、展示厅、售卖处等创意场所；戏剧实景体验馆、银饰打造体验馆、民族舞曲欣赏厅等文化场所；充分展现贵州少数民族传统生态文化的魅力，使游客身临其境，增强对贵州少数民族文化的好感度和归宿感。多彩贵州城、贵阳数字内容产业园、黔西南民族文化产业园、毕节大方古彝文化产业园等孵化创意类园区（基地）之间也要增强功能联动，互相引流，增强贵州少数民族传统生态文化传播力。

对于文化旅游型产业园区要强化少数民族风格，做出特色、做足内容、强化

---

① 杨彦荣 . 园区成文化产业发展强力引擎——贵州省"十大文化产业园区（基地）"建设观察［J］. 当代贵州，2015（20）：30-31.

游客体验。将贵州少数民族传统生态文化的浓郁特色、地域风情、历史底蕴等融会贯通，在文创产品中注入特有的文化基因和元素，在文旅路线和全程规划中，充分融入少数民族手工技艺体验、非遗欣赏等互动性栏目，提升游客参与度，满足多样化的物质和精神需求，促进社会效益和经济效益双丰收。对于物流会展型产业园区要抓住当前电商发展机遇，充分打通线上线下双渠道消费，双向引流，展现真空包装、冷链物流、全自动生产链等新时代生产、包装、物流等全流程高新技术，突显购物核心业务，完善配套产业。

第三节　扎根生态文化传播需求，开创融合电商产业

近年来，电子商务产业蓬勃发展，改变着社会经济结构和人们的生产生活方式，在5G、大数据、算法推荐等数字技术支撑下，逐渐成为促进经济快速发展的重要产业之一，发展前景极其可观。为振兴乡村经济，党和政府下发了一系列支持农村电商的政策和文件，各省区政府积极贯彻落实，推动了边远少数民族地区和贫困乡村经济快速发展。电子商务产业在为人民提高经济收入的同时，也促进了不同地域文化的碰撞和交融，贵州少数民族传统生态文化便可以搭乘电子商务这趟快车，实现文化振兴和对外传播。

近些年，贵州省各地尝试探索电子商务产业，仍处在萌芽阶段，并逐步向研发、生产、流通、消费等全流程产业链渗透，其中各地农村利用特色产品、区位特色、产业优势等积极探索因地制宜的电子商务发展路径。但少数地区依然存在冷链物流技术相对滞后、产业整体供求不均衡、农产品生产加工链条不足、配套基础设施建设不完善、电商人才缺乏等问题，导致特产和农产品对外销售受限，亟待改善。

因此，贵州少数民族地区政府要挖掘该地域少数民族传统生态文化特色与电商产业的融合点，创新融合发展路径，形成品牌优势，提升品牌竞争力，在提升

当地经济效益的同时，促进贵州少数民族传统生态文化的对外传播。当地政府管理部门还应建立切实可行的电子商务监管体系，保证商品正规交易，保障产品质量，同时培养具有电子商务知识、技术与管理能力的复合型人才，为今后完善当地电子商务建设打下坚实基础，提升特色民族产品的竞争力。

一、政策扶持，优化农业生态电商发展环境

近年来，党中央及贵州省政府印发多则文件，明确指出电子商务发展是产业振兴的建设内容之一，是数字乡村建设的重要路径，是生态物质文化向外传播的重要途径，要通过培育农村电子商务产业推动乡村振兴，通过农村电商发展加大产业扶贫的力度。

在国家政策宏观指导下，出台《贵州省进一步加快农村电子商务发展助推脱贫攻坚行动方案（2019—2020年）》，各县（市、区）也应出台更具针对性的扶持农业电商发展的意见和扶持政策措施，继续强化省政府乃至地方政府政策扶持，加大财政资金在培育农村电商市场主体、促进农产品网上销售、减免农产品电商税收等方面全方位扶持；设立专项资金制度，开设互联网农业电商的专项研究资金，综合运用贷款贴息、减免租金、发放创业基金、加强配套设施等手段支持发展电子商务平台经济，着力打造农业电商服务体系，为农业电商发展提供政策支持和保障；将农业电商平台建设、农业电商教育培训、农业电子商务示范村、农业电商销售额等内容纳入各级政府综合绩效考核内容，强化部门协作，切实履行职能，整合各类资源，积极引导农业电商创业。鼓励有条件的县（市、区）在影响力较大的综合交易平台集中展示和推介当地特色资源，销售本地名特优农产品。

贵州省各县（市、区）积极响应党中央及省政府政策，积极开展农业电商示范县、示范乡镇、"一村一品一店"示范村、示范企业等创建工作，培植一批"可学习、可复制、可推广"的典型案例，强化典型引导作用；梳理总结国内外现有农业电商建设的成功案例的做法和经验，利用电视、报刊、集中会议等传统方式和微信公众号平台、新闻客户端、微博、短视频等新媒体平台及时宣传，组

织学习，强化宣传引导，提高市场主体对农业电商的认识，为农业电商创造良好的发展环境。

二、载体建设，夯实农业生态电商建设地基

生态电商在改变传统农产品产销方式的同时，也影响着少数民族农户的生活方式。大批电商平台涌入农业领域后，为农产品销售提供了便捷，农户可通过入驻电商网站的方式直接销售自家农产品。在这一过程中，消除消费者与农户之间的沟通屏障，逐步拓宽农产品销售渠道，使农业电商在全国蓬勃发展。

入驻苏宁易购、京东、淘宝等大型电商平台，广泛建设网站、网店、微店、App 等各类农业电商平台，扩展其他综合性的中国农产品综合服务平台、惠农网、中国农产品信息网、中国农产品网、中国农业信息网、农业产业信息网、一号店、顺丰优选、莆田网、1 号生鲜等平台，筛选整合特色农产品上线销售，形成农业电商平台矩阵；通过网络平台、线下网点、第四方物流、E 农贷等电商综合服务平台的打造，构建"平台+消费+金融+物流"的新电商模式，有效衔接生产、流通、消费，再造健康的农村消费生态，疏通农村发展的难点、痛点和堵点①；同时积极打造一批农业电商孵化机构。

努力提升快递末端"村邮站"的建设和发展，积极招引苏宁、京东、淘宝等电商企业落户各乡镇村，与乡村快递超市服务站点合作，加快发展镇、村电商服务站点，加快推动实现快递到所有村的目标。

三、品质严控，把关农业生态电商产销基础

电子商务的基础就是产品品质，只有高品质产品才会赢得消费市场和消费者青睐。生态电商发展需聚焦"数量"和"质量"这两个关键点，只有在保证农产品"质量"、促进销售"数量"的情况下，才能实现平台的良好运营。

---

① 杨旭．扎兰屯市：以新电商模式建设"数字乡村"［N］．中国城乡金融报，2019-12-25（B03）．

在农产品质量方面，应注重农产品的特殊性，应加强对农产品全产业链的管控，从产业链上游的农产品生产、中游的农产品运输、下游的终端营销等多个环节全面了解农产品情况，提高检测标准，严格把控质量，加强对电商运营体系的整体管控；加快建立农产品可追溯系统，即在待销农产品外包装上标有条形码，每一批每一件都有条形码可查，实现全过程追溯，实现责任到人，增强农产品监管体系建设；由于水果、蔬菜等农特产品的特殊性，在运输过程中极易遭受挤压变形损坏，甚至腐烂变质，需对农产品运输包装升级，完善农村电商物流配送体系，运用冷链运输技术合理规划建设产地预冷、低温运输、生鲜仓储、定制配送等全程冷链物流基础设施，提高物流效率及品质保障。

在农产品数量方面，建立健全的农业电商产业链，联通上中下游，促进农业电商为核心的延伸产业链；增强农业规模化经营建设，形成新时代的数字农村农业电商合作社，提高农业集中度，将生产统一农特产品的农民组织在一起形成特色合作社，制定生产规划，从而为农业电商提供充足的农产品供应量。

四、外引内培，壮大农业生态电商建设主体

目前贵州少数民族人才储备存在短板，人才短缺成为制约发展的主要因素，人才缺乏问题一直是制约生态电商发展的关键问题，网上店铺开设及装修、后台数据分析、营销推广等技能，均需要专业的电子商务人才，政府应积极采取相应方案外引内培、双管齐下来培养、集聚专业人才队伍。

政府可制定人才吸纳政策，鼓励有经验的电商人才服务于贵州少数民族农村基层，吸引年轻人加入农业电商扶贫的队伍；政府领导下场为本地区特色农产品背书，政府积极带头主导校政企三方合作，学校资源与农村资源相结合，农业院校学生及电商相关专业学生与企业形成一对一或多对一团队帮扶活动，助力农业电商的同时提高学生实践能力；形成"政府主导，多元主体协同参与"的农业电商合作发展模式，充分发挥高校、科研院所、企业及农业经营主体的多元化力量。

培育电子商务人才是解决农村电商发展的关键之举。党政部门应积极组织电

商知识普及及电商培训工作，聘请淘宝大学等电商培训机构专业讲师，定期对本地留守的农民、大学生"村官"、电商经营主体等进行电商技能和网络营销技能培训，讲授电子商务基本知识、农产品电商成功案例解析、电商平台运营技巧等一系列课程，并同步线上直播课程，供当地居民回看学习，加快电商专业人才培养，为贵州少数民族地区农业电子商务发展提供人才支撑。

五、模式创新，把握农业电商发展红利

2019 年底新冠疫情爆发，给人们的生活带来一定影响，线上购物成为消费者的最佳选择，掀起了直播带货热潮，进一步推动了电子商务产业的发展，尤其在新冠肺炎疫情防控期间，各路网红、直播电商 KOL、央视主持人甚至地方政府官员更是纷纷下场带货助农，使农产品电商直播逐渐出现在了人们的视野，解决了农特产品囤积的困境，开辟了精准助农新路径，赢得一众好评，引发关注与热议。

"电商+直播+县长"的农业电商模式成为新的带货模式，也成为新的助农扶贫方式，淘宝直播也上线了"县长来了"村播项目，助力农产品销售。贵州省政府可下达文件赋能农业电商，支持官员下场为本地农特产品背书，推动新模式探索发展；"直播+农产品"模式可让农产地和市场紧密相连，尤其是在农特产品产地、大棚进行直播，将用户带入构建的场景，加以强互动性和场景感，给用户以农产品的真实描述，增强了用户的购买冲动和欲望，促成交易；"特色人文+直播"农业电商新模式，通过直播，将贵州少数民族独特人文、民族风情注入营销场景。

还可着力于培养本地的电商网红 KOL，主要有两种方向，一是打造人气网红引流进而促进农业电商发展，例如四川丁真爆火就是典型的成功案例，其自身少数民族的血性和野性美，以及迎合当下饭圈喜好的反差萌，吸引了众多受众喜爱，也切切实实为四川吸引了大量的关注。贵州是少数民族聚居地，可通过小型选秀评选出地域代言人，通过一系列人设打造和营销宣传将其打造为小有流量的网红，为贵州少数民族文化进行品牌宣传，提升贵州整体知名度；二是通过当地

农民直播带货，为消费者介绍产品，普及贵州少数民族传统生态文化，描绘生存环境及现状，以淳朴真实的直播带货风格出圈，吸引真正想要了解和感受贵州少数民族地域魅力的消费者。

六、IP 打造，铸就贵州生态电商品牌特色

一个好的品牌是产品附加值，也可以是地方的代名词。结合地方特色发展形成的区域品牌，有助于品牌农业的发展，显著体现在农产品区域品牌建设上。成功打造农产品品牌区域，能够有效打通农产品供应商（农户组织）、渠道供应商、终端零售商之间的协同合作，提高整体经济效益。

贵州省农特产品知名地域品牌较少，缺乏影响力和知名度，且由于信息闭塞等因素，当地居民版权意识较弱，对于品牌商标注册知之甚少；另外，由于当地农特产品生产流程不规范，无经营许可证，极大地影响了地域品牌的打造。应充分发挥大数据技术，对贵州省农特产品进行普查和挖掘，找出最能代表贵州省地方特色的产品着重进行品牌打造；根据贵州省特色农特产品特征进行市场细分，找准目标市场，进一步进行消费者人群画像及消费行为分析，丰富品牌内涵；规范农特产品生产流程标准化，依托贵州少数民族地域特色，打造贵州省农产品公共品牌；在营销推广地方性农特产品时，可在把握农产品质量的同时，推进农特产品地域品牌建设，提高知名度；依托全省各级中规模大、效益好的精品产业和特色基地，积极推进"一县一业""一镇一品""一村一品一店"等新模式；普及版权保护知识，提升品牌观念。

第四节　联通多元经济，共建文化产业和谐生态

基于"产业联动、遍地开花"的出发点以及生态文化产业创意化原则，推行"汇聚—创新—联动"思路，加强贵州少数民族传统生态文化产业聚集地建

设，汇聚生态文旅产业、文化创意产业、影视制作业、高新科技业等，增强产业联动，互相渗透文化元素，共同构建文化产业和谐生态。

一、拓展以影视出版为重点的文化创意基地

多层次优化贵州少数民族传统生态文化创意基地和园区产业结构，以贵州省现有文化创意产业园区和基地为基础，强化产业核心聚集区功能配置和风格建设，充分发挥引领示范作用，并以此为中心，扩大产业聚集规模，提升产业的专业度和风格化，形成集约型文化创意产业基地，发挥产业集群效应。挖掘各少数民族特色，在其所处地域建设风格显著的特色文化创意产业园，多个园区互相引流，触发联动效应，形成文化创意产业园区网络。

影视是视听合一的传播符号，影视具有直观性，能够通过画面、声音、制作手法等为受众营造身临其境的心灵体验。发挥贵州传统生态文化的优势，建立以影视制作、作品展示、拍摄体验等于一体的文化创意产业基地，打造还原度较高的电影小镇，拍摄以贵州少数民族特色文化和历史底蕴为内核的差异化影视作品，综合运用电影、纪录片、短视频等多种创作题材，突显各少数民族风情，推动数字视频产业的供给侧结构性改革，打造具有全球影响力和号召力的影视产业园区，加快"走出去"的步伐，促进影视产业智慧化发展，推动贵州少数民族地域经济协调发展。

二、培育优势科技文化企业集群

科技是第一生产力，在推动贵州少数民族生态文化产业发展进程中，应不断增强高新科学技术与传统生态文化的深度交流与融合，推动"以政府为主导，多元主体协同创新发展"的新格局，着力发挥科研院所、高校和相关产业的创新性作用。加大科研资金和人才培育扶持力度，力争研发核心科技，开发新型视听类、新型会展类、虚拟现实类、文娱旅游类等文化技术融合产业，促进文化产业链和科技创新链交错发展，使文化科技成为核心竞争力。并综合运用技术手段创新文化品牌 IP 和服务，扩大贵州少数民族传统生态文化传播影响力，促进文化

产业可持续发展。顺应全球文创产业集约化、智慧化趋势，培育优势科技文化企业集群，鼓励和壮大骨干创新创业群体，强化民营、国有、外资等企业主体地位，成立贵州少数民族传统生态文化保护和传承基金会，加大对民办公益组织的扶持力度，表彰优秀企业，树立典型示范作用。积极储备和落实优质文化项目，在保证生态效益的基础上最大程度的发挥资源优势，形成良性互动的科技文化创新生态结构。

三、构建科技文化新业态和新模式

综合运用前沿科学技术建设智慧化公共文化服务系统，将贵州少数民族地域公共文化服务体系提升纳入省市级规划，在全省覆盖移动网络、下一代广播电缆和全公共场域 WIFI；对省市级博物馆和图书馆资源建立云端数据库，实现数字化存储和保护，同时建立数字博物馆和数字图书馆供用户线上查询；在新型城镇化政策指引下，对社区文化活动中心进行特色改造，通过数字化技术提高文化资源共享，建立文娱活动室、民族风影咖、农家乐书吧、电子阅览室等，试点数字阅读服务，丰富当地居民茶余饭后的休闲生活方式；借助互联网技术，搭建贵州省少数民族地域公共服务信息综合发布平台，全面提升全省人民的信息技术素养和文化涵养，扩大生态文化服务影响力。

充分发挥贵州省现有科技文化产业及文化创意园区的引领示范作用，积极开发网络直播、数字音乐、智慧教育等数字化产业，形成以技术为驱动、内容为引导、企业为实体、应用为目标的科技文化新业态。创新贵州少数民族传统生态文化产业在"科技+文化"领域的产业链和商业营销模式，发展全民众创、资金众筹、功能众包等新型产业模式。开设众创中心和线上众创平台，邀请用户协同合作，集思广益，发散思维，共同研发具有贵州少数民族特色的、融入代表性元素的文创产品，策划脑洞大开、创意碰撞的营销方式和亮点。"专业人干专业事"，将产业链中的每一环节交给专业的企业进行完成，促进生产方式和生产流程的变革。政府、公益机构、基金会、社会众筹等多种形式帮扶小微企业发展，拓展文化产业创新发展新路径。

| 第三章 |

微观层面：推动生态文化现实传播

　　贵州少数民族生态文化作为中华文化的瑰宝，需要借助多元的传播技术、传播平台和传播渠道来广泛传播，贵州少数民族生态文化应该而且必须通过全新形式来展现其拥有的独特魅力，同时，要做到传播内容和传播形式实现同时创新。即使贵州少数民族生态文化拥有自身独特的魅力，但如果找不到恰当方式和形式展现给人们，不能为人们所认知和体察，就很难达到理想的传播效果。

　　在新媒体技术高速发展的大背景下，传播载体的形式不断丰富。随着我国高新技术日益发展成熟，大数据、AR、VR 等技术发展快速，并被应用于社会各个领域之中，对这些技术加以合理利用，可使其成为贵州少数民族生态文化的传声筒和放大器。

　　因此，我们可从微观层面出发，探讨如何推动贵州少数民族生态文化的现实传播。首先在传播技术上，贵族少数民族生态文化可借助大数据应用平台，搭建少数民族文化数据库与生态文化影像数据库，以寻求对少数民族生态文化的挖掘、保护、传播效果最大化；其次在传播渠道上，可以构建具有联动化的新媒体矩阵，利用一些新兴的新媒体技术如 VR、AR、H5 等技术，迎合大众碎片化获取信息的习惯，通过多元化的传播渠道，丰富贵州少数民族生态文化的表现形式，扩大贵州少数民族生态文化的传播声势；在传播符号上，立足于贵州少数民族生态文化的特点与内涵，在当代贵州少数民族电影与生态纪录片的设计中融入贵州少数民族生态文化相关元素的运用，让人们通过丰富的视听途径对少数民族生态文化加深了解，增强贵州少数民族生态文化在世界范围内的传播影响力，引发人们共鸣。

第一节 革新传播技术——构建少数民族生态文化资源数据库

在互联网高速发展的今天，各种渠道急速产生和累积了海量数据，这些数据覆盖了社会的方方面面，这就是我们所说的大数据，大数据蕴含了宝贵的信息价值与信息资源，为各类发明研究提供了极大的支持。大数据这场技术革命的锣鼓已经敲响，这一关键技术正推动经济、政治、人们生活的方方面面发生巨大且深刻的变革，在少数民族生态文化领域内这种变革的影响尤为突出，我们应当意识到，贵州少数民族文化应该也必须走与大数据融合发展的道路。

我们应尝试将大数据引入贵州少数民族传统文化的保护与传播过程中，在相关政策的支持下，运用数字化转化、算法分析等手段，将文本内容和图像二者之间进行数字化的转换、分析、存储，加快贵州少数民族文化数据库和贵州生态文化影像数据库的建设，充分提炼大数据在贵州少数民族文化挖掘与建设、保护与传播中的重要作用与价值。

一、丰富文化传播平台，搭建少数民族生态文化数据库

一个完整的大数据流程包括数据的采集、存取、分析、数据计算构架、服务平台等，数据主要由三种数据类型构成，即结构化的、半结构化的和非结构化数据，其还具有复杂多样的数据类型，其形式可以是数字、文本、图像、音频等。要将大数据技术运用到贵州少数民族生态文化的传播、保护和发展上，首先要将贵州少数民族生态文化进行数字化处理与转换，只有经过数字化转化这一程序，将具有贵州少数民族生态文化特色的风俗习惯、文化遗产、生态特色等独特少数

民族文化汇集起来，转换为数据形式，例如文字、图片、音频等，从而对它进行存储、统计、分析、筛选、提炼，来达到对贵州少数民族生态文化的全面囊括和深度挖掘，而后建立贵州少数民族生态文化数据库，来保护和发展少数民族生态文化，同时有利于少数民族生态文化之间的交流，也方便后期查找和统计。

贵州少数民族生态文化数据库的建立应当向大众开放。当前我国一部分的少数民族传统文化数据库都不对外开放，大众基本没有机会接触，只有部分研究机构或高校有机会接触并利用，并且这些少数民族传统文化数据库还存在着一个重要问题，就是"死库"的问题，大数据产生和累积的研究数据成为一些研究机构、高校的内向型资源，这些宝贵的资源并没有实现资源共享，很多相关的研究也无法充分利用这些数据资源，在数据库之间展开具有交叉性、综合性的分析研究，导致这些数据的利用率低下，无法发挥其优势。因此贵州少数民族生态文化数据库应面向公众开放共享，这将为贵州少数民族生态文化的向外传播提供平台，为对贵州少数民族生态文化感兴趣的大众提供了解的平台。收集的贵州少数民族生态文化愈加广泛，产生的数据愈加海量，数据的规模得以扩大，其中大部分数据的形式是半结构化的及非结构化的海量数据，那就要采用适当的分析方法和处理模型对这些数据进行分析，从而实现对贵州少数民族生态文化的深度挖掘与分析，从而更好地为少数民族生态文化的传播提供帮助，并为其找到更为合适的传播途径。

贵州少数民族生态文化数据库的建立还要立足于贵州少数民族生态文化的研究。在 2017 年 3 月，为了推进环境保护工作，发布了《贵州省"十三五"环境保护规划》，提出了环境大数据建设的重要性。近些年来随着人们对生态环境的重视，以及将大数据应用于生态环境保护水平能力的不断提高，大数据技术在环境保护与治理、环境风险管控等方面发挥了重要作用。在贵州少数民族生态文化数据库借力大数据的同时，还应立足于学术，开设少数民族生态文化要闻、相关政策法规、少数民族生态文化特色专题、学术著作、文化研究等模块，全面整合和呈现贵州少数民族生态文化研究领域的学术成果、动态资讯、基础数据及案例。同时建设特色专题子库，积极跟进和重点研究少数民族生态文化领域的热门话题。

通过贵州少数民族生态文化数据库的建立，将实现少数民族生态文化数据化形式的"云"保存，提高贵州少数民族生态文化的输出品质，为贵州少数民族生态文化相关的研究机构、政府部门决策提供数字化智能服务与高质量的信息参考。并通过全面立体的少数民族生态文化展示，向全国甚至世界范围内传播贵州少数民族生态文化的深厚内涵。

二、诠释民族文化形态，创建生态文化影像数据库

创建贵州少数民族生态文化影像数据库，这就需要对贵州少数民族生态文化进行系统地梳理、归纳，认真做好实地考察、实践论证、相关文献资料整理等工作，努力从多个方面、不同角度来充分挖掘少数民族民风习俗的底蕴深度，从生态文化影像数据库的创建与视听艺术表现相结合的视角明确可实施的方法，制订切实可行的拍摄计划。在此基础上，贵州少数民族生态文化影像数据库的构建实施要采取以点带面、重点突破的形式进行，想要构建具有系统性的影像数据库，就要尽量避免碎片化、随机性的拍摄。贵州少数民族生态文化影像数据库的建立，应注重民族生态文化、民俗文化影像记录的史料性、文献性、真实性的本质属性要求，不搞肤浅的艺术采风，也不搞迎合旅游产品推广的表演式民俗摄影活动，而应从贵州少数民族生态文化的本质、内涵出发，以拍摄记录、搜集整理和传播少数民族文化为根本使命。

贵州少数民族生态文化影像数据库的构建可以将少数民族聚居区的人文风貌、自然景观等极具民族特色的生态文化通过影像文化的形式传播出去，用影像文化语言感染人们。

构建具有系统性的影像数据库反映贵州少数民族生态文化具有直观、可信的文献价值，是视觉形态保护的有效手段。在社会经济生活高速发展的今天，贵州的经济也步入发展的快车道，随之少数民族生态文化也将加速受到现代文明的冲击。如何留存这些蕴含历史文献价值的"人类记忆"，摄影具有其他方式不可替

代的独特作用①。贵州少数民族生态文化影像数据库的建立，能帮助人们用视觉图像的方式诠释和保存少数民族生态文化形态，利用影像来留存具有研究价值的少数民族生态文化，以延展贵州少数民族生态文化的广度，挖掘其独特文化以及民风民俗的深度，以此促进和加强贵州少数民族生态文化的传播与影响力。

第二节 创新传播渠道——构建少数民族生态文化新媒体矩阵

贵州少数民族在悠悠的历史长河中，逐渐形成了具有民族特色的少数民族生态文化。但随着时代的发展，贵州少数民族生态文化的保护与传承面临着一些困境，活力逐渐衰弱，在生态文化的保护、传承及发展方面并没有达到理想的效果。新媒体技术的快速发展与广泛应用，为贵州少数民族生态文化的传播提供了新渠道与新机遇，通过构建具有联动化的新媒体矩阵，实现立体化的全媒体传播，扩大贵州少数民族生态文化的传播和影响范围；利用 AR、VR 等受欢迎的新媒体技术，以更加具有生动性、强烈参与感的形式，让贵州少数民族生态文化"能看、能摸、能体验"，使其焕发出新的生命力。

一、打造多元传播渠道

随着移动互联网高速发展与迅速普及，现如今各媒体的传播形态与格局都发生了巨大变化，广播、报纸、电视等传统媒体阵地渐渐不能满足少数民族生态文化的传播需求。不同民族的风土人情、地理位置资源存在差异，形成的文化也各具特色，当前文化发展的大趋势是融合，伴随着移动互联网的飞速发展，文化传播的形式就需要不断跟上时代的步伐，不断创新形式，这也就要求贵州少数民族

---

① 中国民俗摄影协会. 人类的记忆Ⅳ［M］. 广州：岭南美术出版社，2004.

生态文化传播形式与渠道要顺应信息化发展趋势，寻求和打造贵州少数民族生态文化传播的新媒体阵地，打造多元化的传播渠道，从而使贵州少数民族生态文化的传播效果不断扩大。

随着时代发展，为取得更好的传播与宣传效果，新媒体矩阵这一新兴传播形式产生了。新媒体矩阵区别于报纸、官方网站等传统联动传播方式，其传播的方式主要是将人们所感兴趣的内容推送至其移动通信终端。贵州少数民族生态文化可以利用新媒体矩阵的优势，推出官方"两微"、官方短视频号，开发其他新媒体平台账号，通过这些方式共同运营合力宣传，使之达到最理想的传播效果。它们之间相互独立又彼此呼应，针对目标人群进行精准推送是其最大的优势。

在媒介融合的大背景下，贵州少数民族生态文化的传播要突破传统媒体固定的思维模式，结合自身的发展情况与发展诉求构建立体化的传播矩阵，可以构建以官方网站为基本中心点，串联基层官方微信号、官方微博、官方抖音号，形成自上而下、纵向联动的少数民族生态文化传播矩阵，将一些热门的新技术如直播互动技术应用其中，将具有少数民族生态特色的文化产品通过在各大新媒体传播平台生动地展现，以此扩大少数民族生态文化产品的传播范围与传播声势。

在新媒体发布内容的话题选择上，精选贵州少数民族生态文化中有民族特色、民族神秘感的话题传播，扩大少数民族生态文化的传播声势，把握大众的注意力，提升大众的主动参与性与积极性。同时要注意整合与汇集新媒体和传统媒体的传播优势与特色，发挥主流媒体阵地的宣传主导作用，合力形成传播新生态，进一步拓展文化传播的广度与深度，利用好媒体融合这一传播平台来构建多元化传播渠道与多层次的贵州少数民族生态文化传播机制。

二、创新多元传播形式

随着新媒体技术和数字技术的创新发展，VR、AR、短视频、H5、数字动画等创新了贵州少数民族生态文化传播形式，生动、有趣且真实地反映贵州少数民族生态文化的独特性，给受众以身临其境的临场感，极大地刺激受众的感官，提升了贵州少数民族生态文化传播效果。少数民族传统生态文化要根据当代人们的文化需求，在文化内核不变的情况下进行文化重构，创新其新的传播形式。

新媒体技术交互、多元的特点在移动互联网高速发展的今天日益凸显，既能够满足少数民族生态文化的传播要求，还能符合人们对信息的接受偏好。贵州少数民族传统生态文化根据其服饰、饮食、节日、制度等不同的内容形式，需要不同的传播形式。单一的传播媒介很难将少数民族生态文化的众多内容一一展示出来，需要多种多样的媒介形式，进行综合传播。

利用 VR、AR、短视频、H5、数字动画等技术将贵州少数民族生态文化制作成文字、音频、视频等不同形式在微信、微博、抖音等平台进行传播，可以有效地扩展传播范围，其中数字动画的应用可推动贵州少数民族生态文化保护与传承方式的创新，目前，有很多国家将数字动画技术运用于民族文化的传播与保护中，而这些国家在运用的过程中所形成的案例及积累的经验，都能够为贵州少数民族生态文化的保护与传播提供借鉴，在纪录片《圆明园》中，我国利用数字动画艺术对残垣断壁的建筑进行还原与历史展现。利用数字动画技术，立足于贵州少数民族生态文化的特点，可以将当地神话传说、歌舞文化作为其数字动画的创作灵感，使贵州少数民族生态文化形态呈现出更强的吸引力与影响力，使人们尤其是年轻群体对少数民族生态文化有更为深入的认知。

新媒体技术的发展为贵州少数民族生态文化的传播提供了传播技术和空间，未来要对新媒体的传播快、范围广、效果好等传播特点和优势加以利用，构建少数民族生态习俗博物馆，以互联网为基础，通过 4D、虚拟现实等技术让人们足不出户就能获得实地感受贵州少数民族生态习俗的体验，以便更好地推进贵州少数民族生态文化的传播。

第三节　创新传播符号——推动少数民族生态文化影像传播

影视作品作为一种光与影的传播介质，是各种艺术种类和艺术元素的综合，最为显著的特性是逼真性和可视性，能够真实地记录和复现客观世界。此外，影视作品通俗的视听语言刺激着受众的感官，能够大大地提升传播效果。因此，将贵州少数民族传统生态文化通过影视的方式进行传播，赋予其一定的艺术元素，真实地复现贵州少数民族风俗习惯中的生态内涵，能够更好地推动少数民族生态文化的传播。

一、立足民族空间与民族想象，输出优秀少数民族生态电影

在论及如何弘扬中华优秀传统文化时，习近平总书记曾指出，"要处理好继承和创造性发展的关系，重点做好创造性转化和创新性发展"贵州少数民族生态文化作为少数民族集体智慧的结晶，应注重如何以人们喜闻乐见的方式使这种文化为人们所了解。在贵州少数民族生态文化对外传播的过程中，影视媒介发挥着重要作用，极大丰富了民众的精神生活，对少数民族生态文化传承与传播有着积极的作用。在影视作品中融入少数民族生态文化元素，让受众通过丰富的视听途径对少数民族生态文化加深了解，这不仅有助于传播贵州少数民族生态文化，也为提高我国影视创作水平，推动影视产业发展提供源源不断的素材。

贵州少数民族电影历经几十年的艰难探索，在摸索中前行，以强烈的时代精神、浓郁的民族特色和独特的地方韵味成为中国少数民族电影乃至中国电影史上一道亮丽的风景线，通过丰富的视听表达呈现给大众以视觉享受，贵州少数民族题材电影对贵州少数民族地区独特的自然风景和极具民族特色的风情进行了诗意的艺术描绘，极大地传播了贵州少数民族的生态文化。《云上太阳》是拍摄于黔东南的苗族生态电影，电影通过对苗族风俗习惯、建筑服饰、传统劳作的描画，展示了苗族独特的生态文化。电影中为了救助法国姑娘波林，苗寨寨民们举办了隆重的祭祀仪式，这是一种典型的苗族鸟图腾崇拜信仰仪式。苗族族民认为鸟是神圣的守护者，他们对鸟的崇拜和保护，体现出苗族与自然和谐相处的朴素生态意识，传播了贵州苗族的传统生态文化。

未来，贵州少数民族生态电影的创作与传播，要实现少数民族生态文化独特

性与大众审美的共同性的交互与融合。通过艺术形式展现贵州少数民族传统生态文化引发人们对于自然生态保护的共鸣，从而使受众认识、接收、内化贵州少数民族传统生态文化。其次，贵州少数民族生态电影要以本土化为基本出发点，同时要使自己融通国际、面向世界，才能更好地传播生态文化，要通过对自身少数民族生态文化挖掘与塑造，创新表达方式，吸引年轻群体，为贵州少数民族生态电影灌注生命力与活力，更好地传播少数民族传统生态文化。最后，少数民族生态电影作为生态文化产业链中的重要一环，通过打造少数民族生态小镇、少数民族生态旅游、少数民族生态文创产品于一体的少数民族生态产业链 IP，深入挖掘贵州少数民族传统生态文化，并赋予其新的时代内涵，以更为大众接受的方式展现出来。

二、注重多维呈现与国际视角，非虚构记录传播民族生态文化

生态纪录片以一种纪实的方式反映人与自然，呼吁生态群落之间平等的关系，摒弃传统的以人类为中心的思想观念，始终坚持了人与自然和谐共处的理念，进一步传播了生态保护意识、生态保护责任和生态保护理想。"因为视觉符号本身以及受众习惯性对传媒的认知，再结合科技的不断更新，让传播的信息大多数情况下可以有效传播"，因而"视觉符号具有跨文化性"。生态纪录片视听结合且内容简单易懂，很大程度上解决了部分受众认知能力不足的问题，不论国界与文化差异，所有人都可以是跨文化传播的受众。

贵州少数民族生态文化可通过生态纪录片的方式达到传播与沟通的目的，在传播学者罗伯特·考克斯看来，环境传播是"一种既实用又极具创造力的传播方式，研究者自己更加了解了环境状况，从而又将所了解的通过影视传达给受众，还解释了人与生态的关系。它就像一个中介，从环境传播的角度解释了环境问题，构建起一个系统的体系，又从中协调解答其他人对环境问题的疑问和不解"。

2020 年元旦，贵州省委宣传部与中国国际电视台等多家媒体机构合作共同打造的大型系列纪录片《这，就是贵州》播出，获得海内外观众广泛关注和普

遍好评。该纪录片第一集《天人智慧》展示贵州少数民族族民在与自然环境的相处中，形成的天人合一的生态文化理念，传播了贵州少数民族独特的生态文化。

贵州少数民族生态纪录片的传播应降低文化折扣，也就是"以特定的文化内涵为背景而制作出来的影像作品，在有同样文化背景的市场竞争中，大众都有共同的文化心理，共鸣较强，会很受大众欢迎；但一旦进入国际市场，就会有不一样的评价，因为不同文化背景下的人们有着不一样的三观，所以很难认同另一种风格。"将贵州少数民族"天人合一"的生态文化内核用受众易于接受的表现形式包装起来，找到作品与受众之间的联系与平衡点，避免误读，提高生态文化传播的效果。

推动贵州少数民族生态影视的发展，对于塑造贵州少数民族形象、彰显贵州少数民族风采、传播贵州少数民族生态文化等方面具有重要的意义。影视作为文化传播的重要载体，传播了贵州少数民族的独特文化、风土人情，使大众对贵州少数民族生态文化有了一个全新的认识。影视为贵州少数民族传统生态文化的传播提供了一条高效传播途径，为了更好地开发和挖掘独特的少数民族生态文化，提高贵州少数民族生态文化的传播力和影响力，需要重视人才队伍的培养、提升影视从业者的基本素质、建设完整的影视产业链和传播体系，打造贵州少数民族生态文化品牌。

第四节　地区生态文化保护和传播力评价指标体系的构建

生态文化对于一个民族和地区而言是至关重要的，反映了人与自然的和谐程度。近年来随着贵州省生态文化保护和传播实践的多方尝试，迫切需要建立一套适合少数民族地区的生态文化保护和传播力的评价指标体系，以便及时检测贵州少数民族地区生态文明建设和发展情况。少数民族生态文化具有区域性与历史性的特点，为服务于少数民族地区生态文化建设，构建了以测量地区生态文化保护与传播效果为主要目的的评价指标体系，以便与其他少数民族地区的生态文化保护和传播成效形成参照关系，检测贵州少数民族地区生态文化保护和传播水平，针对其中存在的问题及时调整策略，因时因地制宜，有助于促进贵州少数民族地区传统生态文化保护传承和开发传播，积极推进少数民族地区生态文明产业建设。

基于贵州省生态文化保护和传播的特定影响指数及其他相关平台数据，对其评价因素进行分析，综合国内外生态文化建设评价指数。具体来看，项目实施包括指标体系搭建、计算模型设计。

指标体系搭建：构建贵州省少数民族地区生态文化保护和传播评价指数的评价指标体系，梳理各级指标因子和量化数据获取方式，基于专家研讨和李克特量表确定最终评估指标因子并形成理论方案。

计算模型设计：基于评估指标体系，进行相关指标的数据采集和结构化清洗，形成测试数据集。基于测试数据集，利用熵值法和层次分析法设定各维度指标权重，同时根据测试数据结果确定各项指标因子的标准化处理算法，最终形成指数的计算模型，实现后台定时计算。

一、指标体系设计原则

基于中国生态文化协会对传统生态文化保护和传播的要求，贵州省少数民族地区生态文化保护和传播评价指标体系的选取主要遵循以下基本原则导向①：

（一）科学性原则

在评价指标体系的构建中，科学性是第一原则，无论是评价指标体系的整体

① 彭一然.中国生态文明建设评价指标体系构建与发展策略研究［D］.对外经济贸易大学，2016.

设计，还是具体到每一项指标的选取，都必须遵循科学性的原则，每一项指标都能切实反映某一方面的保护和传播现状。此外，指标体系的设计还必须遵循系统性原则，每一项指标的选取都是服务于整个评价指标体系的，要使一级指标、二级指标、三级指标层层递进，各项指标互相制约，共同反映地区生态文化保护和传播效果。

（二）实操性原则

地区生态文化保护和传播力的部分评测指标很难用客观数据表示，需要结合主观赋权的定性指标共同评价，但不宜过多，以免影响评价结果的客观性。同时考虑到数据的可获得性和可操作性，在设立指标的过程中就要切实考虑数据是否可以长期监测和统计，切忌为了指标的全面性而忽略数据的针对性。

（三）典型性原则

地区生态文化保护和传播力的评价指标众多，不能面面俱到，在保证评价指标系统全面的同时，评价体系的各项指标选取要坚持典型性原则，要选取官方统计和发布的公认度较高、负荷量较大（即一个指标能够反映更多的信息）的指标，此类指标权威性和代表性强，且满足科学性和可操作性，能够有效地减少庞杂的数据运算。

（四）导向性原则

构建地区生态文化保护和传播力评价指标体系的最终目的是为了检测贵州少数民族地区生态文化保护和传播水平，针对其中存在的问题及时调整策略，因时因地制宜。同时要反映政府政策导向和调控意向，关注国家前沿建设成果，引导贵州少数民族地区生态文化保护和传播健康可持续发展。

二、地区生态文化保护和传播指标体系构建

贵州少数民族地区生态文化保护和传播评价体系指数用来综合评估地区生态

文化保护现状、传播路径、传播效果等情况。综合国内外生态文化建设评价体系建构的有效信息进行数据统计和量化评估。具体从三个层面进行指标体系构建，各维度相关评估因子如下：

表 3-1　地区生态文化保护和传播力评价体系指数

一级指标	二级指标	三级指标	标准化 UI
地区生态文化保护	政策法律保护	相关政策出台数量（项）	$Ln(X1+1)$
		相关法律法规增长数量（条/年）	$Ln(X2+1)$
	非遗保护与传承	非物质文化遗产数量（项）	$Ln(X3+1)$
		传承人数量（人）	$Ln(X4+1)$
		传承人认定通过率（%）	$Ln(X5+1)$
		非物质文化遗产学堂数量（个）	$Ln(X6+1)$
		政府资金扶持总额（万/年）	$Ln(X7+1)$
		非物质文化遗产保护机构数量（个）	$Ln(X8+1)$
	场景保护	生态保护区数量（个）	$Ln(X9+1)$
		自然博物馆数量（个）	$Ln(X10+1)$
		原始村寨数量（个）	$Ln(X11+1)$
	生态环境保护	绿化覆盖率（含灌木林）（%）	$Ln(X12+1)$
		环境监测设备数量（个）	$Ln(X13+1)$
		农用化肥施用折纯量（万 t）	$Ln(X14+1)$
		垃圾无害化处理率（%）	$Ln(X15+1)$
		生活污水集中处理率（%）	$Ln(X16+1)$
		水域水质达标率（%）	$Ln(X17+1)$
		工业废水排放达标率（%）	$Ln(X18+1)$
		工业粉尘去除（%）	$Ln(X19+1)$
		全年空气质量达标率（%）	$Ln(X20+1)$
		年均全年降水 pH 值	$Ln(X21+1)$
		环境噪声平均值	$Ln(X22+1)$
	数字保护	数字博物馆数量（个）	$Ln(X23+1)$
		云端数据库数量（个）	$Ln(X24+1)$
		数字技术应用率（%）	$Ln(X25+1)$
		信息化建设年增长率（%）	$Ln(X26+1)$

一级指标	二级指标	三级指标	标准化 UI
地区生态文化开发与传播	非遗传播	非物质文化遗产开发团队数量（个）	Ln（X27+1）
		非物质文化遗产展区数量（个）	Ln（X28+1）
		非遗传承人 KOL 孵化率（%）	Ln（X29+1）
		非物质文化遗产博物馆数量（个）	Ln（X30+1）
		非物质文化遗产民间普及率（%）	Ln（X31+1）
	生态文旅	特色生态打卡景点数量（个）	Ln（X32+1）
		特色生态小镇数量（个）	Ln（X33+1）
		生态文化示范村数量（个）	Ln（X34+1）
		生态文旅接待人数（人次/年）	Ln（X35+1）
		生态文旅收益总额（百万/年）	Ln（X36+1）
		生态文旅年收益增幅（%）	Ln（X37+1）
		特色生态文旅路线数量（条）	Ln（X38+1）
		专业人才吸纳数量（人/年）	Ln（X39+1）
		景观解说系统覆盖率（%）	Ln（X40+1）
		景区智能导航系统覆盖率（%）	Ln（X41+1）
	文创产业	文创产业类型（种）	Ln（X42+1）
		文创产业园区/基地数量（个）	Ln（X43+1）
		文创产品类型（种）	Ln（X44+1）
		文创产品品牌数量（个）	Ln（X45+1）
		特色生态品牌 IP 数量（个）	Ln（X46+1）
		研发团队数量（个）	Ln（X47+1）
		农特产品电商平台入驻数量（个）	Ln（X48+1）
		农特产品电商销售总额（万/年）	Ln（X49+1）
		文创产业收益总额（万/年）	Ln（X50+1）
	媒体矩阵	新媒体入驻平台数量（个）	Ln（X51+1）
		新媒体账号数量（个）	Ln（X52+1）
		新媒体粉丝总量（万）	Ln（X53+1）
		新媒体账号活跃度（条/月）	Ln（X54+1）
		官方社交媒体浏览总数（条/年）	Ln（X55+1）
		官方社交媒体粉丝点赞总数（个/年）	Ln（X56+1）
		官方社交媒体粉丝评论总数（个/年）	Ln（X57+1）
		官方社交媒体粉丝转推总数（条/年）	Ln（X58+1）
		合作 KOL 数量（人）	Ln（X59+1）

一级指标	二级指标	三级指标	标准化 UI
地区生态文化开发与传播	广告投放	纸媒投放数量（篇）	Ln（X60+1）
		电视广告投放数量（则）	Ln（X61+1）
		新媒体平台投放数量（则）	Ln（X62+1）
		互联网广告投放数量（则）	Ln（X63+1）
		户外媒体投放数量（则）	Ln（X64+1）
		软广植入数量（次）	Ln（X65+1）
		互联网广告点击率（%）	Ln（X66+1）
		广告城市覆盖率（%）	Ln（X66+1）
		广告到达人数（人次/年）	Ln（X67+1）
		广告宣传投入（万/年）	Ln（X68+1）
		新老媒体投放比例（%）	Ln（X69+1）
		年投入产出比（%）	Ln（X70+1）
	生态文化宣传	生态文化普及率（%）	Ln（X71+1）
		传统生态文化学堂数量（个）	Ln（X72+1）
		生态文化传播研讨会举办次数（场）	Ln（X73+1）
		生态影视作品发行量（部/年）	Ln（X74+1）
		生态文化活动举办次数（场/年）	Ln（X75+1）
		生态文化活动满意率（%）	Ln（X76+1）
地区生态文化保护和传播力评价指数 $= 100 * \sum_{i=1}^{76} Wi \times Ui$			

三、权重与算法模型设定

在确定指标体系的基础上，针对地区生态文化保护和传播评价指数各项指标因子进行测试数据采集。其通过社调信息和文献数量梳理等方式获取各项指标数据并实现清洗和结构化处理之后，再基于综合赋权法（主观赋权+客观赋权）确定各项指标权重，并结合实际数据分布情况进行标准化算法确定，最终得到各项指数的初版计算模型。

（一）权重设定

本项目拟采取综合赋权法指数模型进行权重设计。其中客观赋权拟采用熵值法，主观赋权在专家打分的基础上利用层次分析法计算权重得分，最终以客观赋权为主，主观赋权为辅，综合加权求和得到最后权重结果。

1. 客观赋权：熵值法

在信息论中，熵是对不确定性的一种度量。信息量与不确定性成反比，相应与熵也成反比。根据熵的特性，可以用熵值来判断某个指标的离散程度，熵值与指标的离散程度成反比，相应与该指标对综合评价的影响（权重）也成反比，具体步骤如下：

A. 选取 n 个时间段，共 m 个指标，则 x_{ij} 为第 i 个的第 j 个指标的数值（i = 1，2…，n；j = 1，2，…，m）；

B. 异质指标同质化

各项指标计量单位不统一，因此要将其进行标准化处理，把指标的绝对值转化为相对值。另外，由于正向指标和负向指标数值代表的含义不同，需要用不同的算法进行数据标准化处理。其具体方法如下：

正向指标：

$$x'_{ij} = \frac{x_{ij} - \min\{x_{ij}, \cdots, x_{nj}\}}{\max\{x_{1j}, \cdots, x_{nj}\} - \min\{x_{1j}, \cdots, x_{nj}\}}$$

负向指标：

$$x'_{ij} = \frac{\max\{x_{1j}, \cdots, x_{nj}\} - x_{ij}}{\max\{x_{1j}, \cdots, x_{nj}\} - \min\{x_{ij}, \cdots, x_{nj}\}}$$

则 x'_{ij} 为第 i 个时间段的第 j 个指标的数值（i = 1，2…，n；j = 1，2，…，m）。为了方便起见，归一化后的数据仍记为 x'_{ij}；

C. 计算第 j 项指标下第 i 个政策占该指标的比重：

$$p_{ij} = \frac{x_{ij}}{\sum_{i=1}^{n} x_{ij}}, \ i = 1, \cdots, n, j = 1, \cdots, m$$

D. 计算第 j 项指标的熵值：

$$e_j = - k \sum_{i=1}^{n} p_{ij} ln(p_{ij})$$

其中 $k = 1/ln$（n）> 0. 满足 $e_j \geqslant 0$；

E. 计算信息熵冗余度：

$$d_j = 1 - e_j$$

F. 计算各项指标的权值：

$$w_j = \frac{d_j}{\sum_{j=1}^{m} d_j}$$

G. 计算综合得分：

$$s_i = \sum_{j=1}^{m} w_j \cdot p_{ij}$$

2. 主观赋权：层次分析法

结合层次分析法和专家交叉评分确定各项指标的主观权重，其中利用层次分析法进行权重测算的基本步骤如下：

A. 建立相关的模糊集

①以 5 个一级指标维度为例，定义其主因素层指标集为 $U = \{U_1, U_2, U_3, U_4, U_5\}$，由德尔菲法和层次分析得到相应的权重值集为 $A = (a_1, a_2, \cdots\cdots)$，其中 a_k 表示 U_k 相对于 U 的比重，k 表示主因素层指标的数量，且 $\sum a_k = 1$。

②定义子因素层指标集为 $U_k = \{U_{k1}, U_{k2}, \cdots, U_{kn}\}$，同理，得到相应的权重值集为 $A_k = (a_{k1}, a_{k2}, \cdots, a_{kn})$，其中 a_{kn} 表示 U_{kn} 相对于 U_k 的比重，且 $\sum a_{kn} - 1$。

③定义评语集，在各指数测算中划分为 5 个等级，$V = \{V_1, V_2, V_3, V_4, V_5\}$，$v_1$ 为很好，v_2 为较好，v_3 为一般，v_4 为较差，v_5 为很差。

B. 确定模糊评价矩阵

根据专家对三级指标的评价情况进行统计，建立模糊评价矩阵，对于子因素层的模糊评价矩阵：

$$R_k = \begin{bmatrix} r_{11} & r_{12} & r_{13} & r_{14} & r_{15} \\ r_{21} & r_{22} & r_{23} & r_{24} & r_{25} \\ \vdots & \vdots & & \vdots & \\ r_{n1} & r_{n2} & r_{n3} & r_{n4} & r_{n5} \end{bmatrix}$$

即，r_{jp} 表示子因素层指标 U_{kj} 对第 p 级评价的隶属度（$p = 1 \sim 5$），对于指标 U_{kj} 有 V_{j1} 个 v_1 级评语，有 V_{j2} 个 v_2 级评语，有 V_{j3} 个 v_3 级评语，有 V_{j4} 个 v_4 级评语，有 V_{j5} 个 v_5 级评语。

$$r_{jp} = \frac{V_{jp}}{\sum_{p=1}^{5} V_{jp}} (j = 1, 2, \cdots, n)$$

C. 建立模糊综合评价模型

首先，对各子因素层指标 U_{ki} 的模糊评价矩阵 R_k 作模糊矩阵运算，得到子因素层指标 U_{ki} 对于评语集 V 的隶属向量 B_k。

$$B_k = A_k \circ R_k = (a_{k1}, a_{k2}, \cdots, a_{kn}) \circ \begin{bmatrix} r_{11} & r_{12} & r_{13} & r_{14} & r_{15} \\ r_{21} & r_{22} & r_{23} & r_{24} & r_{25} \\ \vdots & \vdots & & \vdots & \\ r_{n1} & r_{n2} & r_{n3} & r_{n4} & r_{n5} \end{bmatrix} = (b_{k1}, b_{k2}, b_{k3},$$

$b_{k4}, b_{k5})$

其次，根据子因素层的综合评价结果，得到主因素层指标 U 的模糊评价矩阵 R，对 R 作模糊矩阵运算，得到主因素层指标 U 对于评语集 V 的隶属向量 B。

$$B_k = A \circ R = (a_1, a_2, \cdots, a_k) \circ \begin{bmatrix} b_{11} & b_{12} & b_{13} & b_{14} & b_{15} \\ b_{21} & b_{22} & b_{23} & b_{24} & b_{25} \\ \vdots & \vdots & & \vdots & \\ b_{k1} & b_{k2} & b_{k3} & b_{k4} & b_{k5} \end{bmatrix} = (b_1, b_2, b_3, b_4, b_5)$$

即建立的指标评价模型为：

$$B = A \circ R = A \circ \begin{bmatrix} B_1 \\ B_2 \\ \vdots \\ B_k \end{bmatrix} = A \circ \begin{bmatrix} A_1 \circ R_1 \\ A_2 \circ R_2 \\ \vdots \\ A_k \circ R_k \end{bmatrix}$$

另外，当 $\sum\limits_{p=1}^{5} b_p \neq 1$ 时，对隶属向量可作归一化处理，即令 $\hat{b}_p = \dfrac{b_p}{\sum\limits_{p=1}^{5} b_p}$ 得：

$$\hat{B} = (\hat{b}_1, \hat{b}_2, \hat{b}_3, \hat{b}_4, \hat{b}_5)$$

在上述计算当中，"$\circ$"为模糊算子，主要采用加权平均类型用于计算，其在体现权重作用、反映综合程度、利用评价评语信息方面均表现良好。

另外，在上述模型当中，$\hat{b}_1$，$\hat{b}_2$，$\hat{b}_3$，$\hat{b}_4$，$\hat{b}_5$ 分别表示了 U 对评语 v_1，v_2，v_3，v_4，v_5 的隶属度，若按照最大隶属度原则，可做出评价，即 $\hat{b} = \max \{\hat{b}_1, \hat{b}_2, \hat{b}_3, \hat{b}_4, \hat{b}_5\}$。另外，为了对 WCI 进行更为理性准确的综合评价，可以经相关领域专家的商榷，对于每一级评语 v_p（$p = 1$，2，3，4，5）设定相应的权重值 f_p（$p = 1$，2，3，4，5），从而求出 $\hat{B}$ 中各分量 b_p 的加权平均值 W^*，即：$W^* = \hat{B} \times F^T = (\hat{b}_1, \hat{b}_2, \hat{b}_3, \hat{b}_4, \hat{b}_5) \times (f_1, f_2, f_3, f_4, f_5)^T$。如果有多个专家决策者小组，可以计算每一评价小组的评价值 W^*，再对所有的评价值加权平均作为评价的最终结果。

（二）标准化算法确定

数据标准化就是对各项具体指标进行无量纲化处理，将其置于可比较的维度。常用的方法有很多种，例如"Min-max 标准化""模糊量化模式标准化""Z-score 标准化""对数 Logistic 模式标准化""Decimal scaling 小数定标标准化"等。考虑到各项指标数据的海量性和实时拓展性，凡是涉及到样本描述数据（最大值、最小值、标准差、极差等）的标准化算法都具备不可控性，由于相关描述指标变动性较大，会导致算法模型的不稳定性和计算资源的大量消耗，导致后期的系统开发成本增加。考虑到指数算法的稳定性和各项数据指标的实际量级，本项目从以上各项标准化算法中选择了不涉及总体样本描述数据的对数 Logistic 模式：新数据＝1／（1+e^（-原数据）），进行各项指标的标准化。

（三）算法模型确定

基于以上步骤，通过综合赋权法，算出每个因素的权重 A_i，通过对机器采集和测量值进行标准化处理，得出每个因子的评价值 B_i，结合专家矫正值 C_i，建立的指标评价模型为：

$$M = \sum_{i=1}^{n} A_i \cdot (B_i + C_i)$$

A 为综合赋权法中赋予的权重，B 为标准化后的测量值，C 为人工矫正值（此项指标针对部分数据杂质较大的因子进行人工纠偏，正常情况下可忽略不计）。

| 结　　语 |

贵州作为人与自然和谐共处的栖居地，具有稀缺的生态文明形态，如何把贵州传统文化智慧融入"生态文明"国际视野，如何参与到生态文明现代理念建构和实践中，是深入研究贵州少数民族优秀传统文化和生态文化的重要内容。

本研究报告从三部分，共九章阐述了贵州地方传统生态文化的具体内容，包括贵州少数民族生态文化的具体表现形式、内涵与特征、与云南少数民族生态文化的特征对比。关于贵州少数民族传统生态文化的保护与传播，研究报告在阐述贵州少数民族传统生态文化发展现状的基础上，从宏观、中观、微观三个层面提出建议和发展方向。未来贵州少数民族传统生态文化的保护与发展，应当在转变少数民族生态文化内涵，赋予其新的时代意义的基础上，改善少数民族地区的经济发展方式和产业机构，为少数民族生态文化传播提供物质基础。此外，在媒介融合以及传播技术飞速发展的时代背景下，贵州少数民族生态文化应当创新传播途径，构建媒介融合传播矩阵，并采用科学的评价指标体系对其传播效果进行有效评估。

千百年来，贵州少数民族在社会实践中创造了自己特有的生态文化，这些文化在民族地区经济社会发展进程中产生了重大的影响。贵州少数民族生态文化的保护和传播为我国生态文明的建设发展提供源源不断的思想内涵，使人们在重拾传统生态文化精华的基础上，树立可持续发展理念上的生态文化建设的决心、信心和斗志，促进全社会从物的现代化向人与自然同存共荣的现代化转变。

| 参考文献 |

A.1 普通书籍

［1］久美多杰著. 写给朋友的信［M］. 成都：四川民族出版社. 2019.

［2］崔文河. 青海乡土民居更新适宜性设计方法研究［M］. 同济大学出版社有限公司. 2018.

［3］李全敏著. 秩序与调适德昂族传统生态文明与区域可持续发展研究［M］. 北京：社会科学文献出版社. 2018.

［4］荣增举主编. 民族社会工作研究文集［M］. 西宁：青海人民出版社. 2018.

［5］郭家骥著. 郭家骥民族学人类学文选［M］. 昆明：云南人民出版社. 2018.

［6］闵庆文编著. 澜沧江流域农业文化遗产考察报告［M］. 北京：科学出版社. 2018

［7］李维锦. 生态文化教程［M］. 北京：中国铁道出版社. 2017.

［8］中联华文，柯琳. 学术之星文库民族音乐续论［M］. 北京：中国书籍出版社. 2017.

［9］杨国才. 城市化进程中诺邓古村的保护与发展［M］. 北京：中国社会科学出版社. 2017.

［10］杨昌儒；董强，刘勇副主编. 贵州民族大学学术文库来自田野的叙述［M］. 北京：中央民族大学出版社. 2016.

［11］肖远平（彝）柴立主编．中国少数民族非物质文化遗产发展报告 2016 版［M］．北京：社会科学文献出版社．2016.

［12］张中奎著．民族文化旅游预开发地区的文化保护预警研究［M］．北京：中国社会科学出版社．2016.

［13］贵州师范大学喀斯特生态文明研究中心《喀斯特生态文明研究》编辑委员会编；杨斌主编．喀斯特生态文明研究第 3 辑首届"西南史地高峰论坛"暨贵州省地理学会历史地理专业委员会成立大会论文集［M］．北京：中国社会科学出版社．2016.

［14］王昕．生物、文化多样性保护与社区发展协作模式及机制研究：以西南少数民族地区为例［M］．北京：科学出版社，2016.

［15］罗有亮．民族民间生态智慧研究［M］．北京：人民出版社，2015.

［16］郝时远，王延中，王希恩，etal．中国民族发展报告．2015［M］．北京：社会科学文献出版社，2015.

［17］张锐．新疆哈萨克民族文化现代化研究［M］．北京：知识产权出版社，2015.

［18］程进．我国少数民族生态脆弱区域空间冲突及治理机制研究［M］．经济科学出版社，2015.

［19］吴晓萍，康红梅．民族地区危房改造与少数民族传统民居保护研究：以贵州省为例［M］．北京：人民出版社，2015.

［20］肖远平，柴立．中国少数民族非物质文化遗产发展报告．2015［M］．北京：社会科学文献出版社，2015.

［21］陈丽琴．广西环北部湾地区少数民族民间文艺生态研究［M］．北京：民族出版社，2015.

［22］彭立群．新疆少数民族传统体育文化的发展及体系构建的研究［M］．北京体育大学出版社，2014.

［23］高朋，雷兵．"嵌入式"传承与精品化发展：少数民族文化传承与发展的再思考［M］．昆明：云南大学出版社，2014.

［24］王永平，周丕东，黄海燕．生态移民与少数民族传统生产生活方式的转型研究：基于贵州世居少数民族生态移民的调研［M］．北京：科学出版社，2014.

［25］付金锋．少数民族传统文化对民族地区发展影响研究文集［M］．武汉大学出版社，2014.

［26］于杰，吴大华．贵州人才发展报告．2013［M］．北京：社会科学文献出版社，2014.

［27］辉朝茂，辉宇．少数民族竹文化与生态文明建设［M］．北京：科学出版社，2014.

［28］袁鼎生．少数民族艺术生态学［M］．北京：民族出版社，2014

［29］李资源．中国共产党与少数民族传统文化保护和发展研究［M］．北京：人民出版社，2014.

［30］李柏文．以旅游为产业动力的少数民族地区特色城镇化道路研究［M］．北京：中国社会科学出版社，2014.

［31］南长森．西北地区少数民族新闻传播与国家认同研究［M］．西安：陕西师范大学出版社，2014.

［32］邹渊．贵州少数民族习惯法调查与研究［M］．北京：中央民族大学出版社，2014.

［33］余懋群．云南及周边地区少数民族传统文化与农业生物资源［J］．2014.

［34］司马俊莲．少数民族文化权利的法理研究［M］．北京：中国社会科学出版社，2014.

［35］刘源泉．中国共产党少数民族文化政策研究［M］．北京：人民出版社，2014.

［36］郑保卫．中国少数民族地区信息传播与社会发展论丛．2013 年刊［M］．北京：经济日报出版社，2014.

［37］邱仁富．文化共生视域下少数民族地区和谐文化构建研究［M］．上海

交通大学出版社，2014

[38] 张新平，谭徽在，吴祖梅. 生态文明建设与湖北少数民族地区经济发展问题研究：以湖北省恩施自治州为例 [M]. 北京：科学出版社，2014.

[39] 王百玲，章琦，李城瑶. 西北少数民族民俗文化变迁的社会性别研究 [M]. 北京：民族出版社，2014.

[40] 宋占海，周兰兰. 生态批评与民族文学研究 [J]. 湖北函授大学学报，2013（12）：143-143.

[41] 叶梅. 穿过拉梦的河流 [M]. 北京：作家出版社，2013.

[42] 马宗保. 西北少数民族的生态文化 [M]. 北京：科学出版社，2013.

[43] 周莹. 蜡去花现--贵州少数民族传统蜡染手工艺研究 [M]. 北京：中央民族大学出版社，2013.

[44] 赵心愚. 西南民族地区面具文化与保护利用研究 [M]. 北京：民族出版社，2013.

[45] 杨军昌. 传统与跨越：贵州民族人口文化研究 [M]. 北京：知识产权出版社，2013.

[46] 顾雪松. 旅游传播与少数民族乡村的变迁，对西江千户苗寨的多维度研究 [M]. 北京：中国书籍出版社，2013.

[47] 吴晓萍. 现代化背景下贵州高原屯堡后裔与当地少数民族关系的演变研究 [M]. 成都：西南交通大学出版社，2013.

[48] 顾雪松. 旅游传播与少数民族乡村的变迁 [M]. 北京：中国书籍出版社，2013.

[49] 杨林. 贵州省少数民族节日体育研究 [M]. 吉林大学出版社，2013.

[50] 叶文，薛熙明. 生态文明：民族社区生态文化与生态旅游 [M]. 北京：中国社会科学出版社，2013.

[51] 贾银忠. 中国少数民族文化产业发展概论 [M]. 北京：民族出版社，2012.

[52] 王汝辉. 民族村寨社区参与旅游制度与传统文化保护比较研究 [M].

北京：人民出版社，2012.

[53] 孙九霞．传承与变迁：旅游中的族群与文化 [M]．北京：商务印书馆，2012.

[54] 韩小兵．中国少数民族非物质文化遗产法律保护基本问题研究 [M]．北京：中央民族大学出版社，2011.

[55] 王静．人与自然：中国当代少数民族作家生态文学创作研究 [M]．北京：中国社会科学出版社，2011.

[56] 王维波，孙琳．大学英语快速阅读：民族文化类 [M]．北京：外语教学与研究出版社，2011.

[57] 杨慧．旅游·少数民族与多元文化 [M]．昆明：云南大学出版社，2011.

[58] 南文渊．北方森林：草原生态环境与民族文化变迁 [M]．北京：民族出版社，2011.

[59] 费鹤立，何国强，许韶明．中国少数民族舞蹈的采集、保护与传播 [M]．昆明：云南大学出版社，2010.

[60] 费鹤立．中国少数民族舞蹈的采集、保护与传播，20 世纪 80 年代初期的一项社会人类学调研 [M]．昆明：云南大学出版社，2010.

[61] 岳广鹏．冲击·适应·重塑：网络与少数民族文化 [M]．北京：中央民族大学出版社，2010.

[62] 雷金瑞，陈金生．西北少数民族文化 [M]．兰州：甘肃文化出版社，2010.

[63] 周帆．贵州少数民族文艺审美意识研究 [M]．北京：民族出版社，2010.

[64] 单晓娅．贵州少数民族地区人才资源开发研究 [M]．北京：中国经济出版社，2010.

[65] 贵州省音乐家协会．贵州少数民族音乐文化集粹，布依族篇：好花正红 [M]．贵阳：贵州人民出版社，2010.

［66］赵世林 . 云南少数民族的文化产业与文化传承机制研究［M］. 北京：民族出版社，2010.

［67］王芳恒 . 共性传承与个性张扬：中华民族精神与贵州民族文化传统关系研究［M］. 北京：民族出版社，2009.

［68］陈・巴特尔 . 守望・自觉・比较：少数民族及原住民教育研究［M］. 北京：中央民族大学出版社，2009.

［69］金星华，张晓明，兰智奇 . 中国少数民族文化发展报告 2008［M］. 北京：民族出版社 .2009.

［70］国际行动援助中国办公室 . 保障弱势群体的公平受益：云南 6 个少数民族自治县文化产业化过程的利益分配问题研究报告集［M］. 北京：知识产权出版社，2009.

［71］何琼 . 西部少数民族文化概论［M］. 北京：民族出版社，2009.

［72］韦晓康 . 少数民族传统体育与文化传承［M］. 北京：中央民族大学出版社，2009.

［73］薛达元 . 民族地区传统文化与生物多样性保护［M］. 北京：中国环境科学出版社，2009.

［74］司马俊莲 . 少数民族文化权利研究［M］. 北京：民族出版社，2009.

［75］薛达元 . 民族地区生态规划，贵州省黎平县案例研究［M］. 北京：中国环境科学出版社，2009.

［76］吴飞 . 火塘・教堂・电视：一个少数民族社区的社会传播网络研究［M］. 北京：光明日报出版社，2008.

［77］戴庆中，王良范 . 边界漂移的乡土：全球化语境下少数民族的生存智慧与文化突围［M］. 北京：中国社会科学出版社，2008.

［78］田金霞，余勇，姜红莹 . 湘西北少数民族文化与旅游发展研究［M］. 长沙：湖南大学出版社，2008.

［79］张涛 . 中国少数民族传统体育文化生态学研究［M］. 北京：中央民族大学出版社，2008.

［80］杜巍．文化·宗教·民俗：首届中国佤族文化学术研讨会论文集［M］．昆明：云南大学出版社，2008.

［81］朝戈金．中国西部的文化多样性与族群认同［M］．北京：社会科学文献出版社，2008.

［82］来仪．西部少数民族文化资源开发走向市场［M］．北京：民族出版社，2007.

［83］宗亮著．云南少数民族村落文化建设探索［M］．成都：四川大学出版社．2007.

［84］中国社会科学院青年人文社会科学研究中心编．国情调研 2005 上［M］．济南：山东人民出版社．2007.

［85］李富强，蓝襄云．让传统告诉未来：关于民族传统文化与发展的人类学个案研究［M］．哈尔滨：黑龙江人民出版社，2006.

［86］陈理．中国少数民族文化遗产集粹［M］．昆明：云南教育出版社，2006.

［87］金星华．中国少数民族文化简论［M］．北京：民族出版社，2006.

［88］铁兰．贵州少数民族节庆与服饰［M］．北京：中国旅游出版社，2006.

［89］廖国强，何明，袁国友．中国少数民族生态文化研究［M］．昆明：云南人民出版社，2006.

［90］徐玉良．中国少数民族传统体育文化研究［M］．北京：民族出版社，2005.

［91］喜饶尼玛，石竣．中国少数民族文化研究［M］．北京：中央民族大学出版社，2005.

［92］张建世．西南少数民族民间工艺文化资源保护研究［M］．成都：四川民族出版社，2005.

［93］米尼克·希珀，尹虎彬．中国少数民族文化中的史诗与英雄［M］．广西师范大学出版社，2004.

[94] 席佩尔.中国少数民族文化中的史诗与英雄 ［M］.桂林：广西师范大学出版社，2004.

[95] 郭建斌韩有峰.鄂伦春族：黑龙江黑河市新生村调查 ［M］.昆明：云南大学出版社，2004.

[96] 周国茂.自然与生命的意义世界：贵州少数民族原始崇拜与民俗 ［M］.贵阳：贵州教育出版社，2004.

[97] 谢彬如.文化艺术生态保护与民族地区社会发展 ［M］.贵阳：贵州民族出版社，2004.

[98] 索晓霞著.并非两难的选择云贵少数民族文化保护与开发问题研究 ［M］.贵阳：贵州人民出版社.2003.

[99] 鲍宗豪.文化全球化与民族文化 ［J］.上海交通大学学报：哲学社会科学版，2002（3）：13-21.

[100] 王军.文化传承与教育选择 ［M］.北京：民族出版社，2002.

[101] 方慧，黄琪，周芳，etal.云南少数民族传统文化的法律保护 ［M］.北京：民族出版社，2002.

[102] 王军.文化传承与教育选择：中国少数民族高等教育的人类学透视 ［M］.北京：民族出版社，2002.

[103] 颜其香.中国少数民族饮食文化荟萃 ［M］.北京：商务印书馆国际有限公司，2001.

[104] 冯敏.万户千门入画图：巴蜀少数民族文化 ［M］.成都：四川人民出版社，2001

[105] 铁木尔·达瓦买提主编.中国少数民族文化大辞典综合卷 ［M］.北京：民族出版社.1999.

[106] 王永强.中国少数民族文化史图典.第1卷.东北卷 ［M］.南宁：广西教育出版社，1999.

[107] 王永强.中国少数民族文化史图典.第5卷.西北卷.下 ［M］.南宁：广西教育出版社，1999.

［108］王永强，史卫民，谢建猷．中国少数民族文化史图典［M］．南宁：广西教育出版社，1999.

［109］汪玢玲，张志立主编．中国民俗文化大观上［M］．长春：吉林人民出版社．1999.

［110］王永强．中国少数民族文化史图典，第7卷：西南卷，（下）［M］．南宁：广西教育出版社，1999.

［111］杨大禹．云南少数民族住屋——形式与文化研究［M］．天津大学出版社，1997.

［112］祁庆富，徐万邦．中国少数民族文化通论［M］．北京：中央民族大学出版社，1996.

［113］严天华．贵州少数民族人口发展与问题研究［M］．北京：中国人口出版社，1996.

［114］翁家烈．贵州少数民族妇女问题研究［M］．贵阳：贵州民族出版社，1995.

［115］史波．神鬼之祭——西南少数民族传统宗教文化研究［M］．昆明：云南教育出版社，1992.

［116］贵州省少数民族经济研究会．贵州省少数民族经济研究［M］．贵阳：贵州民族出版社，1991.

［117］过竹．苗族神话研究［M］．南宁：广西民族出版社，1988.

［118］方明亮．贵州的少数民族［M］．贵阳：贵州人民出版社，1980.

A.2 期刊类

［1］尚晨光，赵建军．生态文化的时代属性及价值取向研究［J］．科学技术哲学研究，2019，36（02）：114-119.

［2］牟方志．传统文化的生态智慧［J］．人民论坛，2019（08）：136-137.

［3］杨美勤，唐鸣．民族地区传统生态文化的现代困境与转化路径研究——基于黔东南苗族侗族自治州的调查分析［J］．贵州社会科学，2019（03）：

94-101.

[4] 舒心心. 蒙古族传统文化的生态智慧及其当代价值 [J]. 中南民族大学学报（人文社会科学版），2019，39（03）：29-33.

[5] 孙雯. 生态文明思想践行路径论析 [J]. 学术交流，2019（04）：71-78.

[6] 吉志鹏. 新时代绿色消费价值诉求及生态文化导向 [J]. 山东社会科学，2019（06）：153-160.

[7] 张宇丹，王福丽. 傣族民俗与生态文化的影像呈现——电视剧《让我听懂你的语言》评述 [J]. 中国电视，2019（07）：31-34.

[8] 毕京京. 厚植新时代生态文化的路径选择 [J]. 人民论坛，2019（22）：130-131.

[9] 卢世菊. 旅游扶贫中少数民族文化权益保护研究 [J]. 学习与实践，2019（3）.

[10] 姜友文，卢丽娟. 贵州乌蒙山少数民族地区精准脱贫进程中人力资源开发研究 [J]. 贵州民族研究，2019（1）.

[11] 马楠，闵庆文，袁正. 农业文化遗产中传统知识的概念与保护——以普洱古茶园与茶文化系统为例 [J]. 中国生态农业学报，2018（5）：771-779.

[12] 刘吉发，何梦焕. 习近平生态政治观的多维透视 [J]. 广西师范大学学报（哲学社会科学版），2018，54（01）：29-34.

[13] 向祖强，张积家. 心理健康教育教师的有效工作技能：基于生态文化的考察 [J]. 教育研究，2018，39（07）：102-110.

[14] ［陈媛. 电影《老人与海》的人性本质与生态文化传播 [J]. 电影评介，2018（05）：37-39.

[15] 李亮. 融合生态文化与地方特色文化建设美丽中国——基于苏州生态文化建设的思考 [J]. 汉字文化，2018（22）：132-133+140.

[16] 李明，么加利. 现代化进程中少数民族文化传承危机与应对——基于文化基因视角 [J]. 贵州民族研究，2018，39（07）：67-71.

［17］马英杰．铸牢中华民族共同体意识：作为民族团结的少数民族文化发展［J］．云南民族大学学报（哲学社会科学版），2018，35（05）：5-11.

［18］李洋，杨大禹，余穆谛．基于生态文化资源理论的云南历史文化村镇保护与更新研究［J］．昆明理工大学学报（社会科学版），2018，v.18；No.108（04）：98-107.

［19］朱应雨．少数民族文化产业向创意产业的转型研究［J］．贵州民族研究，2017，38（02）：171-174.

［20］王越芬，张世昌．从文化到文明：习近平生态文明思想演进探赜［J］．中华文化论坛，2017（04）：56-62+192.

［21］赵光辉．生态文化：人类生存样态的文化自觉［J］．鄱阳湖学刊，2017（04）：67-71+127.

［22］周雪姣，李慧，苏孝同，李文军．中国森林文化研究现状及展望［J］．林业经济，2017，39（09）：8-15.

［23］孔雪燕，唐剑．"一带一路"背景下长江上游少数民族文化资源的开发模式及策略——以重庆彭水苗族土家族自治县为例［J］．贵州民族研究，2017，38（03）：167-172.

［24］孙岢，田文霞．少数民族文化创造性转化与创新性发展的新路径［J］．贵州民族研究，2017，38（08）：153-156.

［25］刘荣昆．贵州喀斯特地区少数民族生态文化及其价值研究［J］．生态经济，2017（33）：227.

［26］孙丽莉．少数民族文化重构中的民族认同［J］．贵州民族研究，2016，37（03）：51-54.

［27］王潇，杨宇飞．少数民族传统体育的文化生态保护与传承研究［J］．贵州民族研究，2016（5）：184-187.

［28］蒋萍．旅游扶贫与少数民族文化主体性保护——以广西壮族自治区乡村旅游与旅游扶贫为例［J］．社会科学家，2016（10）：95-99.

［29］王越芬，张世昌，孙健．习近平生态思想演进论析［J］．中南林业科

技大学学报（社会科学版），2016，10（06）：1-4+14.

[30] 翁伯琦，仇秀丽，张艳芳. 乡村旅游发展与生态文化传承的若干思考及其对策研究 [J]. 中共福建省委党校学报，2016（05）：88-95.

[31] 张磊. 中国传统农业文化的生态意蕴及其当代价值 [J]. 西北农林科技大学学报（社会科学版），2016，16（05）：155-160.

[32] 唐剑，张明善. 少数民族文化资源的产权界定与保护性开发——基于巴泽尔产权经济理论视角 [J]. 民族研究，2016（06）：12-22+123-124

[33] 齐澍晗. 文化生态价值下少数民族传统村落保护与发展 [J]. 贵州民族研究，2016（11）：89-92.

[34] 李鹏波，孟磊，雷大鹏，etal. 基于叙事理论的传统村落生态文化载体系统研究—以北京爨底下村保护为例 [J]. 天津城建大学学报，2015（4）：246-251.

[35] 辛丽平. 略论贵州少数民族地区生态文化引领产业发展的路径选择 [J]. 贵州民族研究，2015（12）：148-152.

[36] 柳诗丹. 马克思主义生态视角下云南少数民族生态文化研究 [D]. 2015.

[37] 田联刚，赵鹏. 多元共生和而不同——关于少数民族文化在中华文化格局中的地位思考 [J]. 中南民族大学学报（人文社会科学版），2015，35（01）：1-6.

[38] 宋引秀，郭粉绒. "文化翻译"观视域下的少数民族文化外宣翻译 [J]. 贵州民族研究，2015，36（04）：88-91.

[39] 宋泉. 论少数民族文化传播媒介的演化——以广西少数民族地区为例 [J]. 湖北民族学院学报（哲学社会科学版），2015，33（06）：141-146+15

[40] 李达. 新媒体时代少数民族文化传播的困境与策略 [J]. 湖北民族学院学报（哲学社会科学版），2015，33（02）：113-117.

[41] 鲁全信，颜俊儒. 文化自觉：推进少数民族文化认同与传承的有效路径 [J]. 贵州民族研究，2015，36（05）：1-5.

［42］张连伟，童琪．长白山生态文化探析［J］．中国人口·资源与环境，2015，25（S2）：240-243.

［43］何丽芳．美丽乡村建设中的传统生态文化传承与发展［J］．中南林业科技大学学报（社会科学版），2015，9（04）：11-14.

［44］薛丽娥，吴永忠．少数民族文化品牌推进路径研究［J］．贵州民族研究，2015，36（10）：81-86.

［45］张玉玲，张捷，张宏磊，etal.文化与自然灾害对四川居民保护旅游地生态环境行为的影响［J］．生态学报，2014，34（17）：5103-5113.

［46］袁泽清．论少数民族文化旅游资源集体产权的法律保护［J］．贵州民族研究，2014，35（01）：18-22.

［47］李宏亮．中国少数民族文化与对外汉语教学［J］．贵州民族研究，2014，35（03）：59-62.

［48］刘汝荣．中国少数民族文化对外传播与翻译的多维思考［J］．广西民族研究，2014（02）：123-128.

［49］李扬．我国少数民族文化保护立法实证研究［J］．河北法学，2014，32（08）：62-68.

［50］阮金纯，杨晓雁．云南少数民族文化传承模式及其现代化进程中的困境［J］．云南民族大学学报（哲学社会科学版），2014，31（05）：62-66.

［51］李婧．生态文化视野下的安康地区传统民居及其环境保护与再利用研究［D］．西安建筑科技大学，2014.

［52］徐增让，成升魁，邹秀萍，鲁春霞，高利伟．澜沧江流域民族聚居区生态景观及生态文化的作用初探［J］．资源科学，2014，36（02）：224-232.

［53］关春玲，柳诗丹．云南少数民族传统生态文化研究综述［J］．经济师，2014（7）：60-62.

［54］于兰，潘忠宇．少数民族文化与社会主义核心价值观［J］．云南师范大学学报（哲学社会科学版），2013，45（06）：73-79.

［55］舒永久．用生态文化建设生态文明［J］．云南民族大学学报（哲学社

会科学版），2013，30（04）：27-31.

[56] 沈月，赵海月. 生态文化视域下生态教育的内涵与路径 [J]. 学术交流，2013（07）：209-212.

[57] 范晓峰. 论区域少数民族文化旅游与文化传承的双向互动 [J]. 企业经济，2013，32（03）：133-135.

[58] 崔诣晨. 生态伦理城市建设的生态价值观教育 [J]. 商业时代，2013（36）：11-13.

[59] 万明科. 电影《与狼共舞》的生态文化意蕴研究 [J]. 四川戏剧，2013（10）：141-143.

[60] 王芳. 黑龙江生态文化建设路径浅探 [J]. 学术交流，2013（11）：127-129.

[61] 张凯俊，王红. 我国生态文明建设需要二次改革 [J]. 经济纵横，2013（11）：16-20.

[62] 陈巧玲，贾方阳. 深层生态文化对促进绿色消费行为的启示 [J]. 社会科学家，2013（10）：32-35.

[63] 吴寒冰，胡煜晖，王恕立. 鄱阳湖生态经济区主导产业发展的政策体系 [J]. 企业经济，2013（10）：25-29.

[64] 陈凤洁，樊宝敏. 佛教对银杏文化的影响 [J]. 世界林业研究，2013，26（06）：10-14.

[65] 欧阳洁. 何磊曲折的"野草"之路 [J]. 绿色中国，2013（22）：52-55.

[66] 姚进生. 朱熹生态伦理思想及其对构建当代生态文明的启示 [J]. 福建论坛（人文社会科学版），2013（11）：76-80.

[67] [20] 朱志梅，刘希刚. 马克思主义人与自然和谐思想及其现实启示 [J]. 东岳论丛，2013，34（12）：42-45.

[68] 孙钰钦. 新媒体时代少数民族文化传播渠道探索 [J]. 编辑之友，2013（08）：68-70.

[69] 马岳勇，董新强．少数民族文化语境中的新疆双语教育［J］．中南民族大学学报（人文社会科学版），2012，32（03）：17-21.

[70] 王建民．扶贫开发与少数民族文化——以少数民族主体性讨论为核心［J］．民族研究，2012（03）：46-54+108.

[71] 刘新田．西部少数民族文化资源分析与产业化开发对策研究［J］．中央民族大学学报（哲学社会科学版），2012，39（04）：72-78.

[72] 阿利·阿布塔里普，汪玺，张德罡，师尚礼．哈萨克族的草原游牧文化（Ⅱ）——哈萨克族的游牧生产［J］．草原与草坪，2012，32（05）：90-96

[73] 杨光宗，龙亚莉．建构传播少数民族文化新媒体平台的思考——以武陵民族地区为例［J］．中南民族大学学报（人文社会科学版），2012，32（04）：154-156.

[74] 任重．全球化视阈下的生态伦理学研究述论［J］．生态环境学报，2012，21（6）：1184-1188.

[75] 吴平．少数民族生态文化生成风险与传承危机对策研究——以贵州黔东南为例［J］．原生态民族文化学刊，2012，4（4）：126-130.

[76] 薛熙明，叶文．旅游影响下滇西北民族社区传统生态文化变迁机制研究［J］．贵州民族研究，2011（5）：108-114.

[77] 石群勇，龙晓飞．民族文化生态特征与民族文化生态保护关系研究［J］．青海民族研究，2011（1）：156-159.

[78] 陈璐．试析生态文化的内涵及创建［J］．广西社会科学，2011（04）：148-151.

[79] 王亚琼，罗建新．贵州原生态民族传统体育文化资源的调查与研究［J］．武术研究，2011，08（5）：88-90.

[80] 余达忠．生态文化的形成、价值观及其体系架构［J］．三明学院学报，2010，27（01）：19-24.

[81] 杨桂芳．生态文明内涵分析［J］．生态经济，2010（12）：185-188.

[82] 王孔敬．西南地区苗族传统生态文化的内容特点及其保护传承研究

[J]. 前沿, 2010 (21): 150-154.

[83] 罗芬, 王怀, 李穗菡. 生态文化解说可视化的研究——基于森林生态文化视角 [J]. 中南林业科技大学学报, 2010, 30 (12): 102-107.

[84] 郭小平, 王子毅. 试析迪斯尼动画片的生态文化传播 [J]. 电视研究, 2009 (11): 15-17.

[85] 金志远. 新一轮课程改革背景下少数民族文化传承与民族基础教育课程改革 [J]. 民族教育研究, 2009, 20 (05): 53-59.

[86] 范婷婷. 多元文化背景下家庭教育与少数民族文化传承问题 [J]. 黑龙江民族丛刊, 2009 (06): 169-172.

[87] 刘宗碧. 我国少数民族文化传承机制的当代变迁及其因应问题——以黔东南苗族侗族为例 [J]. 贵州民族研究, 2008 (03): 160-166.

[88] 李俐, 张恒. 基于文化生态理论的泉州民居艺术保护研究 [J]. 西安建筑科技大学学报 (社会科学版), 2008, 27 (1): 32-35.

[89] 晏鲤波. 少数民族文化传承综论 [J]. 思想战线, 2007 (03): 42-47.

[90] 宋周尧. 马克思恩格斯的生态文化思想及其现实价值 [J]. 社会主义研究, 2007 (02): 1-5.

[91] 叶振国 [1], 刘玉林 [1]. 探索生态文化之内涵 [J]. 环境科学与技术, 2007, 30 (z1): 82-84.

[92] 艾菊红. 文化生态旅游的社区参与和传统文化保护与发展——云南三个傣族文化生态旅游村的比较研究 [J]. 民族研究, 2007 (4)

[93] 陈兴贵. 多元文化教育与少数民族文化的传承 [J]. 云南民族大学学报 (哲学社会科学版), 2005 (05): 30-34..

[94] 喻见. 贵州少数民族地区生态文化与生态问题论析 [J]. 贵州社会科学, 2005 (3).

[95] 袁慧玲. 中国传统生态伦理思想与生态文明建设研究 [D]. 江西师范大学, 2004.

［96］颜京松，汪敏．生态住宅和生态住区（Ⅲ）生态循环、风水和生态文化［J］．农村生态环境，2004（02）：7-11.

［97］傅千吉．白龙江流域藏族传统生态文化特点研究［J］．西北民族大学学报（哲学社会科学版），2004（03）：134-139.

［98］闫维恒．浅谈宁南山区生态建设的基本内容与关键措施［J］．中国水土保持，2004（08）：16+29.

［99］陈国阶．生态市建设的若干理论探讨［J］．中国人口·资源与环境，2004（04）：3-7.

［100］万青．发展生态旅游推动经济发展——以安徽省六安地区为例［J］．安徽农业科学，2004（05）：1062-1064.

［101］李学江．生态文化与文化生态论析［J］．理论学刊，2004（10）：118-120.

［102］宋小芬，阮和兴．生态文化与城市竞争力——论21世纪城市竞争的时代内涵［J］．生态经济，2004（12）：83-86.

［103］陈炜，郭凤典．可持续发展的要求：走向生态文化［J］．科技进步与对策，2003，20（15）：63-64.

［104］韦文辉．论生态文化与图书馆文化的交融［J］．图书与情报，2003（05）：39-42.

［105］刘艳玲，王如松，欧阳志云．海南生态文化建设的战略［J］．城市环境与城市生态，2003（06）：147-148.

［106］吴宏．21世纪企业文化建设之我见［J］．福建论坛（经济社会版），2003（06）：43-44.

［107］吴晓军．中国古代生态文化：为了复兴的反思［J］．甘肃社会科学，2003（02）：60-62.

［108］张全明．《桂海虞衡志》的生态文化史特色与价值［J］．华中师范大学学报（人文社会科学版），2003（01）：88-92+97.

［109］张蓬．"生态文化"元理论问题检视［J］．江海学刊，2003（02）：

46-49+206.

[110] 郭家骥.生态环境与云南藏族的文化适应 [J].民族研究，2003（01）：48-57+107-108.

[111] 牟红，杨梅，张兆福.概念裂变使旅游规划亮起来 [J].企业经济，2003（10）：42-43.

[112] 白光润.论生态文化与生态文明 [J].人文地理，2003（02）：75-78+6.

[113] 白光润.论生态文化与生态文明 [J].人文地理，2003（02）：75-78+6.

[114] 张学书.从"天人合一"看生态经济的文化意蕴 [J].生态经济，2003（10）：21-23.

[115] 章牧.论可持续发展的社会文化属性 [J].福建师范大学学报（哲学社会科学版），2001（03）：107-111.

[116] 罗北雁.生态文化选择与 21 世纪新型人格的塑造 [J].教育探索，2001（01）：29-30.

[117] 吴人坚.生态经济区建设原理初探 [J].生态经济，2001（01）：1-3.

[118] 任宪友.生态文化与可持续发展 [J].生态经济，2001（04）：54-55.

[119] 郭家骥.云南少数民族的生态文化与可持续发展 [J].云南社会科学，2001（04）：51-56.

[120] 王建华，许建初，裴盛基.西双版纳勐宋哈尼族的传统文化与生态系统多样性管理 [J].生态学杂志，2000，19（2）.

[121] 郭芳华.生态保护型林业与国家生态安全的关系 [J].北京林业大学学报，2000（1）.

[122] 王建革.资源限制与发展停滞：传统社会的生态学分析 [J].生态学杂志，1997（1）：69-73.

［123］郭洁敏．试论信息时代人的位置［J］．社会科学，1996（11）：51-55．

［124］陈军．文化观的吐故纳新———文化审美［J］．中山大学学报（社会科学版），1996（04）：74-80．

［125］任永堂．生态文化：现代文化的最佳模式［J］．求是学刊，1995（02）：8-10．

［126］郑雪，陈中永．认知操作和认知方式与生态文化因素的关系［J］．心理学报，1995（02）：152-158．

［127］克·埃布尔，薛求理．生态文化、发展与建筑［J］．世界建筑，1995（01）：27-29．

［128］蔡正邦，张莉．我国生态文化的源流和发展［J］．四川环境，1994（02）：5-11．

［129］刘国栋，田昆，袁兴中，etal．中国传统生态智慧及其现实意义——以丽江古城水系为例［J］．生态学报，36（2）．

［130］中国出版社年鉴社．中国出版年鉴2003［M］．中国出版社年鉴社．2003．

A.3　学位论文类

［1］王凯平．习近平生态文明思想研究［D］．陕西科技大学，2019．

［2］吕天卿．内蒙古生态文明建设中的政府责任研究［D］．内蒙古大学，2019．

［3］于斐燕．从生态翻译学角度看《琅琊榜》字幕翻译［D］．北京外国语大学，2019．

［4］吴萍．习近平新时代生态文明思想的哲学分析［D］．沈阳师范大学，2019．

［5］刘东．自然教育视角下的城市公园景观提升设计研究［D］．西北农林科技大学，2019．

［6］李洁．共生理论下的居住区景观设计研究［D］．广西师范大学，2019.

［7］王小妍．生态学视野下当代产品设计新价值研究［D］．苏州大学，2018.

［8］王冠文．生态文化的多维审视及建构研究［D］．大连海事大学，2018.

［9］曾仁利．西藏中部农村生产与生活的生态文化研究［D］．西南民族大学，2018.

［10］佟丹．中小学教师生态文化建设研究［D］．河北大学，2018.

［11］田美．人际功能理论视角下英语谚语中的生态文化研究［D］．济南大学，2018.

［12］高寻寻．安徽生态文化培育研究［D］．合肥工业大学，2018.

［13］王维维．生态文化视域下我国公民生态环保意识的培养研究［D］．渤海大学，2017.

［14］郑玉．马克思恩格斯生态文化思想及其当代价值研究［D］．淮北师范大学，2017.

［15］余伟．生态文明视野下生态文化建设研究［D］．成都理工大学，2017.

［16］任浩．明代家具中的生态文化研究［D］．南京林业大学，2017.

［17］谢泓珊．侗族饮食文化与环境关系的研究［D］．吉首大学，2017

［18］张志佩．贵州省少数民族传统体育项目开展的特点及其社会价值［D］．2015.

［19］宋谋君．贵州岜沙苗族文化研究［D］．2015.

［20］白兰．贵州省脆弱生态环境与贫困耦合关系研究［D］．2015.

［21］王贵宏．贵州省黔东南州非物质文化遗产保护与文化旅游发展研究［D］．2015.

［22］李婧．生态文化视野下的安康地区传统民居及其环境保护与再利用研究［D］．西安建筑科技大学，2014.

［23］王茜．贵州侗族民间文学中的生态意识研究［D］．贵州师范大

学，2014.

［24］毛琳箐．声音生态学视域下的贵州东部传统聚落声景研究［D］．哈尔滨工业大学，2014.

［25］石庭明．生态人类学视野下的侗族稻作文化研究——以贵州省榕江县宰章村为例［D］．中央民族大学，2013.

［26］武斌儒．"三化"战略视野下贵州红枫湖镇民族文化的开发与保护研究［D］．2013.

［27］李蔓．北京城市老旧社区生态文化传播研究［D］．北京林业大学，2012.

［28］柏绍荣．花腰彝服饰艺术在数字化背景下的文化生态变迁及保护传承研究［D］．重庆大学，2012.

［29］贺丹．贵州茂兰自然保护区民俗文化资源保护与开发研究［D］．广西师范学院，2011.

［30］卢之遥．贵州省黔东南传统知识保护案例研究［D］．中央民族大学，2011.

［31］赵轩．贵州威宁白碗窑传统陶瓷手工艺的保护、传承与发展研究［D］．贵州师范大学，2009.

［32］吴文才．贵州民俗文化生态旅游资源保护性开发问题研究［D］．华中科技大学，2009.

［33］黄保健．贵州大沙河保护区黑叶猴（Trachypithecusfrancoisi）生态学初步研究：活动习性、稀少行为及栖息地利用［D］．西南林学院，2008.

［34］张国洋．雷公山自然保护区的保护与苗族文化的传承研究［D］．贵州师范大学，2008.

［35］宋景．基于反求工程的贵州少数物质民族文化遗产的保护和开发技术研究［D］．贵州大学，2007.

［36］王冬平．贫困地区生态重建与经济发展良性互动机制研究［D］．浙江大学，2005.

［37］喻见. 贵州少数民族地区生态文化与生态问题论析［J］. 贵州社会科学，2005（3）.

［38］张晓松. 生态保护理念下的长角苗文化：贵州俊戛生态博物馆的田野调查及其研究［J］. 贵州民族研究，2000（1）：112-122.

A.4 国外文献

［1］Lindell. Ecological effects of wastewater［M］. Cambridge University Press，1980. DianZ. On the Cultivating Subject of Ecological Culture［J］. Journal of Beijing Forestry University（Social Sciences），2017.

［2］Milstein A，Martha Hernández. Ecological Basis of Tilapia Co-culture Systems［M］. Tilapiain Intensive Co - culture. John Wiley&Sons，Ltd，2016.

［3］MartusewiczRA. TowardanAnti-CentricEcologicalCulture［M］//ContemporaryStudiesinEnvironmentalandIndigenous Pedagogies. Sense Publishers，2013.

［4］Mccormick RJ. Metrics and Indices for Sustainable Social - Ecological Landscapes［M］. Environmental Risk Assessment and Management from a Landscape Perspective. John Wiley&Sons，Inc. 2010.

［5］Weiss HB. Overshoot：The Ecological Basis of Revolutionary Change［J］. Public Health Reports，2009，124（1）.

［6］Naveh Z. Culture and Landscape Conservation：A Landscape-Ecological Perspective. In：Gopal B. P. Pathak P. Sayena K. G.（Eds.）Ecology Today：An Anthology of Contemporary Ecological Research International Scientific Publications，New Delhi，pp. 19 - 48［J］. 2007.

［7］Humle T. Ant Dipping in Chimpanzees：An Example of How Microecological Variables，Tool Use，and Culture Reflect the Cognitive Abilities of Chimpanzees［M］. Cognitive Development in Chimpanzees. 2006.

［8］Bornstein MH，Cheah CSL. The place of "culture and parenting" in an ecological contextual perspective on developmental science［M］. Parental beliefs，parenting, and child development in cross-cultural perspective. , 2006.

［9］ Bowers CA, Ebrary I. Education, cultural myths, and the ecological crisis: toward deep changes ［M］. State University of New York Press, 1993.

［10］ Oohara Y. Some Ecological Observations on Turf Establishment and Culture of Turfgrass esin Cool Regions of Japan ［M］. Proceedings of the Third International Turfgrass Research Conference. 1980.

［11］ Ariza E, Pons F, Breton F. Is "socio-ecological culture" really being taken into account to manage conflicts in the coastal zone? Inputs from Spanish Mediterranean beaches ［J］. Ocean& Coastal Management, 2016, 134: 183-193.

［12］ Elena, Asafova V. The Development of Ecological Culture of Students in the Design and Creative Activity ［J］. Procedia-Social and Behavioral Sciences, 2015, 191: 2329-2333.

［13］ Du C. Manufacturing Naxi's original ecological culture in contemporary China ［J］. Asian Ethnicity, 2015, 16 (4): 1-19.

［14］ Fu-Chun X, Lin Z, Kun W, etal. Study on Landscape Planning and Design of Leisure Fishing Village Based on Ecological Culture ［J］. Northern Horticulture, 2014.

［15］ Yuan S, Fa zheng S. Carry forward Soiland Water Ecological Culture and Build Rich and Beautiful Home ［J］. Meteorological and Environmental Research, 2014 (10): 11-14.

［16］ Huan SU. Domestication and Foreignization in the Translation of Ecological Culture loaded Terms——A Comparative Study of Two English Versions of Mencius ［J］. 海外英语, 2014, 62 (5): 133-135.

［17］ Bao-Jun S, Yan-Ling Z, J ian-Shan G. Research on Ecological Culture The mein China ［J］. Heilongjiang Agricultural Sciences, 2013.

［18］ Zhang T. Effects of Tibetan Traditional Ecological Culture on Ecological Environmentof Tibetan Areas ［J］. Meteorological and Environmental Research, 2013,

42 (4): 14-16.

[19] Qu Q, Xu C. Evaluation on Port Ecological Culture——Take Yang shan Port of Shanghai as an Example [J]. Meteorological and Environmental Research, 2013 (11): 28-31.

[20] Heng-Xin D, Xu-Zhou MA, Ying-Sen LI, etal. Purification effect of the ecological culture pattern of Eriocheir sinensis on the water quality in Datong Lake, Hunan [J]. Journal of Safety and Environment, 2012.

[21] Mihai ROŞU. Research regarding quality of Lucerne in ecological culture [J]. Scientific Papers-Series A, Agronomy, 2012: 314-317.

[22] Wang WH, Zhang WJ. Qiang Nationality's Traditional Ecological Culture and Environmental Consciousness Education and Their Real is tic Significances [J]. Advanced Materials Research, 2012, 524-527: 2611-2614.

[23] Guang G. Ecological Culture and Society Ecological Structure [J]. Journal of Beijing Forestry University, 2010.

[24] Wen yuan N, Shouting L. One cological culture. [J]. Journal of Dalian Nationalities University, 2010.

[25] LiZ, Maolin Z. The comparison of Mongolian traditional ecological culture and grass and ecological policy of Alashan Inner Mongoliain recent years [J]. Prata cultural Science, 2010, 27 (3): 62-66.

[26] Rong-KunL. Ecological Culture in Dai Nationality's Religion [J]. Sichuan Environment, 2009.

[27] Yi feng Y. Essential Geography Landscapes and Ecological Culture in Nanjing [J]. Acta Geographica Sinica, 2009, 64 (6): 302-339.

[28] Zhang MDA, Borjigin E, Zhang H. Mongolian nomadic culture and ecological culture: On the ecological reconstruction in the agro-pastoral mosaic zone in Northern China [J]. Ecological Economics, 2007, 62 (1): 19-26.

[29] Zhan liang Z. Consideration about the Connotation of Ecological Culture in

Biology Education［J］. Curriculum Teaching Material&Method，2007.

［30］Qing shun Z. Ecological Culture Technology and Prevension Disease of Riv-er Crab［J］. Journal of Nanjing Forestry Unversity，2000：118-120.

［31］Shu-Yan G，Wei-Li，Xiao-Ge. Notice of Retraction Study on constructing ecological culture innovation system of industrial clusters［C］. International Conference on E-business& E-government. IEEE，2011.

［32］Buján AM，Castelao，Sainz MJ. Weeds in anecological culture of asparagus （Asparagus officinalis L. ）in Galicia：first results.［C］/1995.

A.5 电子资源（不包括电子著作、电子连续出版物、电子学术论文、电子专利）

［1］贵州凯里原生态民族文化艺术节——"岑旁村博 https：//v. youku. com/v_ show/id_ XNjY5OTAzNg＝＝. html.

［2］贵州原生态的少数民族文化，美景令人流连忘返 https：//v. ifeng. com/c/7119b17d-9164-4124-885c-6c9446d9fc21.

［3］贵州地理、生态与民族文化讲座-杨庭硕（三）https：//v. youku. com/v_ show/id_ XMzAxNDg4OTIxMg＝＝. html.

［4］贵州茶文化生态博物馆落户湄潭. 贵州新闻联播. 130922. https：//v. youku. com/v_ show/id_ XNjEyMjM4NDU2. html.

［5］贵州黔西南原生态自然文化遗产芦笙 . http：//www. iqiyi. com/w_19ruoza0it. html

［6］贵州西江千户苗寨，保存苗族"原始生态"文化最完整，依山而建的自然村寨相连成片，是目前最大的苗族聚居村寨 . https：//v. youku. com/v_ show/id_ XNDE3NDc0Mjc1Ng＝＝. html.